W0305964

LES SYNDICATS DANS LES MUTATIONS ET LA CRISE DE L'EMPLOI.

© L'Harmattan, 1997
ISBN : 2-7384-4976-X

Roland GUILLON

LES SYNDICATS DANS LES MUTATIONS ET LA CRISE DE L'EMPLOI

L'Harmattan
5-7, rue de l'École Polytechnique
75005 Paris - FRANCE

L'Harmattan Inc.
55, rue Saint-Jacques
Montréal (Qc) - CANADA H2Y 1K9

Collection ***Logiques sociales***
fondée par Dominique Desjeux
et dirigée par Bruno Péquignot

En réunissant des chercheurs, des praticiens et des essayistes, même si la dominante reste universitaire, la collection Logiques Sociales entend favoriser les liens entre la recherche non finalisée et l'action sociale.
En laissant toute liberté théorique aux auteurs, elle cherche à promouvoir les recherches qui partent d'un terrain, d'une enquête ou d'une expérience qui augmentent la connaissance empirique des phénomènes sociaux ou qui proposent une innovation méthodologique ou théorique, voire une réévaluation de méthodes ou de systèmes conceptuels classiques.

Dernières parutions :

Christophe Camus, *Lecture sociologique de l'architecture décrite,* 1996.
Isabelle Terence, *Le monde de la grande restauration en France : la réussite est-elle dans l'assiette ?* 1996.
Gérar Boudesseul, *Vitalité du syndicalisme d'action,* 1996.
Jacqueline Bernat de Celis, *Drogue : consommation interdite. La genèse de la loi de 1970 sur les stupéfiants*. 1996.
Chantal Horellou-Lafarge et Monique Segré, *Regards sur la lecture en France. Bilan des recherches sociologiques*, 1996.
Thierry Blöss, *Education familiale et beau-parenté. L'empreinte des trajectoires biographiques,* 1996.
Dominique Loiseau, *Femmes et militantismes*, 1996.
Hervé Mauroy, *Mutualité en mutation*, 1996.
Nadine Halitim, *La vie des objets. Décor domestique et vie quotidienne dans des familles populaires d'un quartier de Lyon, La Duchère*,1986-1993, 1996.
Catherine Dutheil, *Enfants d'ouvriers et mathématiques. Les apprentissages à l'École Primaire,* 1996.
Malik Allam, *Journaux intimes. Une sociologie de l'écriture personnelle,* 1996.
Pierre Cousin, Christine Fourage, Kristoff Talin, *La mutation des croyances et des valeurs dans la modernité. Une enquête comparative entre Angers et Grenoble,* 1996.
Sous la direction de Chantal Horellou-Lafarge, *Consommateur, usager, citoyen : quel modèle de socialisation ?*, 1996.
Vincent Chenille, *La mode dans la coiffure des français : "la norme et le mouvement", 1837-1987*, 1996.
Patrick Legros, *Introduction à une sociologie de la création imaginaire,* 1996.
Joëlle Plantier (dir), *La démocratie à l'épreuve du changement technique. Des enjeux pour l'éducation*, 1996
Catherine Sellenet, *La résistance ouvrière démantelée*, 1997.
Laurence Fond-Harmant, *Des adultes à l'Université. Cadre institutionnel et dimensions biographiques*, 1997.

AVANT-PROPOS

Les mutations et la crise de l'emploi pèsent sur l'ensemble des relations entre les syndicats, les employeurs et l'Etat (ou relations professionnelles). Ces relations sont de plus en plus polarisées sur la réglementation et la régulation de l'emploi. Mais elles révèlent des limites et des dysfonctionnements à travers une précarisation et une segmentation croissante des règles du marché du travail, ainsi qu'un recul des compromis en matière de réglementation des contrats de travail. Plusieurs facteurs sont invoqués. L'auteur insiste sur l'affaiblissement et la crise des syndicats mais aussi sur plusieurs traits institutionnels ou structurels des relations professionnelles. Il en teste la nature et l'évolution sur chaque composante essentielle du travail et de l'emploi salarié (qualification, classifications, contrat de travail, formation, temps de travail, statut). Et il montre leur implication dans de nouveaux espaces de relations à l'échelle du territoire national et de l'Union européenne. L'auteur conclut sur la nécessité d'un redéploiement des objectifs de l'action syndicale pour mieux ajuster la défense des salariés aux conditions concrètes de la régulation. Un tel ajustement implique, notamment, une clarification des rapports du syndicalisme français avec la gestion; la recherche d'une articulation entre les relations professionnelles et de nouveaux espaces de relations territorialisés.

INTRODUCTION

La situation des syndicats en France est appréciée à partir de plusieurs indicateurs. Le nombre des adhérents rapporté à celui de la population active salariée (taux de syndicalisation), les taux de participation des salariés aux élections professionnelles sont notamment utilisés pour mesurer la force et l'audience des syndicats. La France fait partie des nations développées dont les taux de syndicalisation sont les plus faibles. Selon des estimations internationales opérées en 1990, elle occupe même la dernière place, avec environ 10 % de syndiqués. Elle se situe derrière les autres pays de l'Union européenne dont la plupart ont des taux supérieurs à 30%; plusieurs pays, comme la Belgique, le Danemark ou la Suède, ayant même des taux supérieurs à 60%. La chute des effectifs syndiqués en France a été particulièrement nette sur deux décennies. Entre 1970 et 1990, les syndicats français ont perdu la moitié de leurs adhérents. Le nombre des syndiqués représenterait environ 2 M de salariés actifs répartis essentiellement entre cinq grandes organisations syndicales représentatives au niveau national (C.G.T., C.F.D.T., F.O., C.F.T.C., C.G.C.) et plusieurs autres organisations plus strictement sectorielles ou catégorielles.

Les résultats aux élections professionnelles enregistrent aussi une montée des abstentions. Elle est plus forte dans les scrutins nationaux, visant à renouveler les représentants aux conseils de prud'hommes ou aux caisses de sécurité sociale, que dans les élections des représentants du personnel des entreprises, délégués du personnel et élus des comités d'entreprise (soit respectivement des taux d'abstention supérieurs à 50% pour les premières et des taux inférieurs à 50% pour les secondes). Toutefois, les élections professionnelles dans l'entreprise maintiennent une dominante de suffrages exprimés en faveur des listes syndicales, malgré la progression des élus non syndiqués.[1]

C'est pourquoi, les observateurs et les analystes de la situation des syndicats en dressent un bilan critique voire négatif. Et ils s'interrogent sur l'évolution à venir des syndicats en France. "Le syndicalisme face à la crise",[2] "La question syndicale",[3] "Syndicalisme en crise?",[4] "La C.G.T., Crises et alternatives",[5] "Mutation ou déclin du syndicalisme?, Le cas de la C.F.D.T.",[6] "La fin des syndicats?",[7] " Le syndicalisme au futur", [8] tels sont les titres significatifs d'études récentes consacrées au syndicalisme.

Deux axes d'interprétation de la situation syndicale.

Les facteurs retenus par ces études pour expliquer les raisons ou l'origine de la situation syndicale en France, sont de nature très diverse. On peut tenter de les classer selon deux ensembles.

---

[1] Bévort A. (1995), Compter les syndiqués, méthodes et résultats; la C.G.T. et la C.F.D.T.: 1945-1990, Travail et Emploi, n°62.
Labbé D. (1994), Les élections aux C.E., 1945-1993, C.E.R.A.T., I.E.P. de Grenoble, décembre.
Labbé D. (1995), La syndicalisation en France depuis 1945, C.E.R.A.T., I.E.P. de Grenoble, novembre.

[2] Mouriaux R., (1986), Le syndicalisme face à la crise, Repères, La Découverte.

[3] Rosanvallon, P. (1988), La question syndicale, Calmann Lévy.

[4] Caire G., (1992), Syndicalisme en crise? in Durand M., éd. (1992), Politiques économiques et sociales en Europe, Logiques sociales, L'Harmattan.

[5] Mouriaux R., Groux G., (1992), La C.G.T., Crise et alternatives, Economica.

[6] Tixier P.-E., (1992), Mutation ou déclin du syndicalisme?, Le cas de la C.F.D.T., Sociologies, P.U.F.

[7] Labbé D., Croisat M. (1992), La fin des syndicats?, Logiques sociales, L'Harmattan.

[8] Durand J.P., sous la direction (1996), Le syndicalisme au futur, Alternatives sociologiques, Syros.

Un premier ensemble regroupe différents traits caractéristiques de l'organisation syndicale située dans le champ des rapports politiques ou des rapports sociaux. On peut évoquer, dans ce sens, les analyses menées sur l'organisation et les rapports internes des syndicats, soulignant la bureaucratisation des syndicats, les coupures entre la base et les dirigeants; ou encore les études concernant les effets d'une politisation des syndicats sur leur dispersion et leur division. Tous ces facteurs entretiennent une distance ou une désaffection des travailleurs à l'encontre des appareils syndicaux. D'autres analyses abordent le phénomène de la désyndicalisation dans un cadre plus large, celui d'une remise en cause de l'autorité et de la légitimité des structures d'action collective; et elles l'associent notamment à une montée de l'individualisme. Cette dernière correspondrait aussi à une évolution des modes de consommation, ainsi qu'à une remise en cause des modèles d'identité collective en termes de classes sociales; autant d'éléments complexes d'interprétation.

Un second ensemble de facteurs désigne plus spécifiquement des traits caractéristiques de l'évolution des conditions de travail et d'emploi des salariés. Ils concernent les contenus d'activité et les statuts de la main-d'oeuvre; ils correspondent aux mutations des politiques et de la gestion du travail et de l'emploi. Ils sont inscrits dans une évolution des modèles d'organisation des entreprises; ces derniers visant à s'adapter aux nouvelles conditions économiques, marquées par la globalisation et la mondialisation des marchés. Sans contester la portée des facteurs précédents, notre propos est de nous situer dans cette seconde perspective. Car la chute des effectifs syndiqués entre 1970 et 1990 s'inscrit dans une période de mutations dont l'ampleur a été largement soulignée. Cette dernière est notamment lourde de conséquences par la rencontre entre deux phénomènes. Le premier est celui d'une transformation de l'organisation du travail des entreprises, engagée depuis les années soixante, ayant contribué à changer les contenus de travail et la composition des salariés. Le second est une crise de l'emploi, marquée par la montée du chômage massif, amorcée depuis la fin des années soixante-dix, ayant pesé sur la nature des contrats de travail et la gestion de la main d'oeuvre.

Les tensions sur l'action syndicale.

Dans un tel contexte, les syndicats ont dû faire face à toute une série de problèmes concernant la situation des salariés, pour les traiter à l'occasion des relations avec deux interlocuteurs principaux, les employeurs et l'Etat. Ces relations collectives sont largement institutionnalisées et organisées par des règles et des procédures à différents niveaux d'activité (de l'atelier au niveau interprofessionnel, en passant par un établissement ou une entreprise, une branche ou un secteur). Désignées sous le terme de "relations professionnelles", elles visent à réglementer les conditions d'accès, d'exercice et de sortie du travail, ainsi qu'à réguler l'emploi et le marché du travail.[9]

Les syndicats disposent de droits et de moyens d'action spécifiques pour assumer leur rôle dans le cadre de ces relations. Ce rôle repose sur une légitimité reconnue aux syndicats de représenter les intérêts collectifs des salariés, et d'agir au nom de ces intérêts. Il est associé à différents droits ou institutions accumulés depuis le milieu du XIX°siècle: droit d'association (loi du 4 novembre 1848), droit de coalition et droit de grève (loi du 25 mai 1864), droit d'association syndicale (loi Waldeck-Rousseau du 21 mars 1884). Ces droits essentiels sont assortis de droits d'agir en justice, de négocier des accords collectifs, de droits en matière d'information et de consultation, etc.... Mais tous ces droits sont hétérogènes selon qu'ils concernent le champ de la réglementation du travail ou celui de la gestion économique et financière, selon qu'ils

[9] Voir, pour une synthèse de tous ces aspects, Lallement M., (1996), Sociologie des relations professionnelles, Repères, La Découverte.

impliquent des pouvoirs de décision ou des modes de consultation. Et l'action des syndicats est notamment limitée par l'autorité et les pouvoirs de l'Etat et des employeurs. L'Etat, garant de l'ensemble de la réglementation du travail, peut la décider unilatéralement. Et il prend des mesures en matière de politique économique et sociale qui ont des conséquences sur le travail et l'emploi. Les employeurs sont responsables de la gestion de leur entreprise et disposent en dernier ressort d'un pouvoir de décision sur ses orientations.

Les syndicats, en situation contrainte dans le champ des relations professionnelles, sont aussi alertés sur des aspects sociétaux de la crise de l'emploi (exclusion, déficit de création d'activité). Et ils sont tirés vers de nouveaux espaces de relations. Ces espaces ont été organisés par de nouvelles procédures, de nouvelles institutions lancées par l'Etat autour du thème de l'emploi. Ils s'inscrivent dans un champ d'action diversifié en matière de politique économique, de politique d'emploi, de politique éducative, de politique sociale, ou de politique d'aménagement du territoire. Ce sont, par exemple, tous les nouveaux cadres organisant les relations entre l'école et l'entreprise, les comités locaux ou de bassin d'emploi; soit autant de relais des politiques de l'Etat assurés par les élus locaux, les employeurs, les associations. Ils contribuent à diffuser de nouvelles formes de contrat de travail, ainsi qu'à reposer l'étanchéité des frontières entre le travail salarié et les autres formes d'activité (travail indépendant, activités associatives). De nouveaux modes de relations par la nature des interlocuteurs (collectivités territoriales, élus, associations), par le type de relation collective (en termes de concertation et non de négociation), viennent se juxtaposer aux "relations classiques" des syndicats sur des objets concernant directement le travail et l'emploi.

A toutes ces nouvelles relations inscrites dans un cadre national, il faut ajouter d'autres formes de relations. Ces dernières sont liées au développement des institutions et des relations internationales dans un contexte de mondialisation de la production et des échanges. Ensemble ils pèsent sur les politiques des états nationaux et la gestion des entreprises, avec des incidences sur l'action syndicale: enjeux de la construction de l'Europe sociale, défis en matière de déréglementation et de délocalisation des activités.

Derrière cette hétérogénéité d'objets et de cadres institutionnels des relations entre syndicats, employeurs et Etat, on peut retrouver plusieurs traits caractéristiques et récurrents. Ce sont d'abord les tensions imprimées par les mesures de flexibilité du travail et de l'emploi décidées par les employeurs et l'Etat. Ce sont, ensuite, d'autres tensions liées à la nature des cadres organisant ces relations. Soit un ensemble de contraintes pesant directement sur l'action des syndicats français.

On relève, ainsi, un processus de précarisation des contrats et des statuts de travail, une accentuation des mesures de flexibilité interne et de flexibilité externe dans les entreprises. Les premières jouent sur la mobilité des salariés dans l'entreprise, sur des aménagements des temps de travail. Les secondes font appel à la procédure de licenciement et aux dispositifs de mobilité et de conversion hors de l'entreprise. D'où des tensions entre le caractère individuel et collectif de la mobilisation des salariés dans l'organisation et par la gestion du travail et de l'emploi; des tensions entre mobilisation et démobilisation syndicales des salariés.

D'autres tensions marquent une hétérogénéité des cadres institutionnels des relations professionnelles. Elles se situent au niveau de l'ensemble des rapports entre employeurs et syndicats, et à celui de chaque type de procédure. Les rapports sont institutionnalisés et basés sur le rapport de forces; ils font coexister des procédures visant à organiser et à réglementer l'expression des conflits et la recherche de compromis. Les procédures de la négociation collective sont parmi les plus anciennes. Elles ont été initiées par des procédures de conciliation et d'arbitrage entre employeurs et syndicats, complétées par l'institution des conventions collectives aménagées et réaménagées par une succession de lois en définissant le champ et les contenus.[10]

On peut évoquer une tension permanente entre des négociations au niveau national et à caractère interprofessionnel et des négociations plus éclatées entre les entreprises. La branche est définie comme un niveau intermédiaire. Et le niveau régional a été le plus souvent secondaire, sauf dans certains secteurs comme la métallurgie du point de vue des négociations de salaire.

D'autres tensions, encore, concernent les rapports entre objets et thèmes de négociation. De négociations longtemps polarisées sur les seuls salaires puis les conditions de travail, on a assisté depuis les années cinquante à une diversification des thèmes (congés payés, chômage partiel, retraites, classifications, emploi, formation). Et depuis plusieurs années se développent des négociations spécifiques et diversifiées, mais dont le contenu est largement polarisé sur l'emploi (contrats de travail, mesures d'accompagnement ou de prévention des

---

[10] Les premières procédures de conciliation datent de la loi du 27 décembre 1892. La loi du 25 mars 1919 est le premier texte donnant à la convention collective un statut juridique: soit tout accord signé entre un ou plusieurs syndicats et une ou plusieurs associations d'employeurs, pour un métier ou une industrie, à différents niveaux (entreprise, localité, région, national). Elle détermine des règles qui sont automatiquement appliquées aux seuls adhérents des syndicats signataires. Les types d'accords et de conventions, les niveaux de leur négociation seront définis et hiérarchisés; les conditions de leur application et de leur extension seront précisées par plusieurs lois consacrées aux conventions collectives et à la négociation collective. La loi du 23 juin 1936 fixe que seules les organisations les plus représentatives peuvent négocier des accords pour tous les salariés concernés (adhérents ou non). La loi du 23 décembre 1946, la loi du 11 février 1950, et surtout la loi du 13 juillet 1971 hiérarchisent les niveaux de négociation en privilégiant trois niveaux (entreprise, branche et interprofessionnel). Et plus récemment la loi du 13 novembre 1982 institue, au niveau des branches, le principe d'une obligation de négocier; annuelle ou quinquennale selon les thèmes.

licenciements, mesures de gestion du chômage, formation, durée du travail).

Une question apparaît essentielle, c'est celle de l'articulation des thèmes et des niveaux de négociation. Elle est excessivement complexe, parce qu'elle varie en fonction des caractéristiques des structures d'activité, mais aussi de considérations tactiques en matière de rapport de forces entre les syndicats et les employeurs, et du caractère préalable ou non des interventions de l'Etat. Ce dernier aspect est important du point de vue des rapports entre négociation collective et réglementation du travail et de l'emploi. Toute négociation peut être lancée à l'initiative des représentants des employeurs ou des syndicats. Et dans ce cas ses résultats, lorsqu'il s'agit d'un accord interprofessionnel, seront consignés par la loi. Elle peut, au contraire, découler d'une mesure de réglementation de l'Etat et correspondre à un aménagement à plusieurs niveaux possibles (branches ou entreprises). Les syndicats restent attachés aux négociations nationales de branches et interprofessionnelles, afin de couvrir le plus grand nombre de salariés, et compenser aussi les manques d'implantation et de mobilisation syndicales. En même temps, ils sont conduits par pragmatisme ou contrainte, à prendre en compte les spécificités des situations d'entreprises. Pour certains thèmes comme l'emploi et les contrats de travail, les syndicats cherchent à s'appuyer sur des dispositions négociées au niveau interprofessionnel pour les décliner par branche. Mais certaines de ces dispositions sont aussi induites d'une réglementation décidée unilatéralement par l'Etat. Les employeurs ont des attitudes variables selon les secteurs et les thèmes. Dans les secteurs les plus hétérogènes du point de vue des productions et de la taille des entreprises, ils peuvent chercher à réduire la portée des règles en matière d'emploi par des négociations au niveau national, ou à négocier exclusivement par entreprise pour d'autres thèmes comme celui de la durée du travail. Certains accords dans de grandes entreprises peuvent équivaloir de fait à une négociation partielle de branche.

Les accords d'entreprise peuvent aussi contribuer à développer une dynamique de négociation articulée sur plusieurs thèmes à la fois (emploi, formation, mobilité), et être recherchés par les employeurs comme un moyen de faire accepter de nouvelles orientations en matière de gestion du personnel (flexibilité, individualisation).

Il faut, enfin, insister sur le fait que la situation française est notamment particularisée, dans les entreprises, par une juxtaposition de plusieurs types d'institutions représentatives des salariés. Les unes, plus anciennes, sont des institutions de représentation du personnel comme les délégués du personnel ou les délégués aux comités d'entreprise. Les premiers sont chargés de présenter à l'employeur les réclamations individuelles ou collectives des salariés; ils peuvent intervenir auprès de l'inspection du travail. Les seconds disposent d'un droit d'information et doivent être consultés notamment sur les décisions de gestion. Les comités d'entreprise ont acquis successivement des prérogatives supplémentaires en matière d'information économique, de contrôle des conditions d'hygiène et de sécurité du travail, des actions de formation, de suivi de l'évolution des contrats de travail, de contrôle des procédures de licenciement et de reconversion. Ils disposent notamment, depuis 1982, d'un "droit d'alerte"; soit la capacité d'obtenir des compléments d'informations de la part de l'employeur sur tout fait susceptible d'affecter de manière préoccupante la situation économique de l'entreprise. D'autres institutions, comme la section syndicale d'entreprise, sont plus récentes. Elles ont le pouvoir de négocier des accords collectifs, et donc de contribuer à la réglementation du travail.[11] Certaines

[11] Les délégués du personnel ont été institués en juin 1936. Les comités d'entreprise l'ont été à partir d'une ordonnance du 22 février 1945 pour les entreprises de 100 salariés au moins, puis de 50 salariés et plus depuis mai 1946. Et la loi du 27 décembre 1968 a réglementé les conditions d'exercice du droit syndical dans l'entreprise. Plus récemment, les lois Auroux de 1982 ont conforté le pluralisme des structures de représentation dans l'entreprise. La loi

évolutions en matière d'emploi dans les entreprises ont contribué à remettre en cause l'étanchéité de cette frontière entre comités d'entreprise et sections syndicales d'entreprise.

En regard de toutes ces tensions internes aux relations professionnelles, il faut aussi évoquer certaines tensions spécifiques entre ces dernières et les relations établies dans le cadre des nouvelles institutions territoriales, notamment à l'occasion des licenciements collectifs et des plans sociaux, des projets de conversion, ou des mesures pour l'insertion. Les syndicats se retrouvent face à de nouveaux partenaires dans le cadre de ces institutions. Ces dernières traitent des problèmes d'emploi sur des modes différents de ceux des relations professionnelles.

Prendre la mesure de l'ampleur de la tâche du syndicalisme.

Notre propos est de revenir sur plusieurs thèmes majeurs de l'évolution du travail et de l'emploi pour en saisir les liens avec les tensions que nous venons d'évoquer.

---

du 29 octobre sur le développement des institutions représentatives du personnel multiplie les cadres de référence des délégués du personnel (établissement, "sites"), ainsi que les structures internes des comités d'entreprise (commission économique, comité de groupe). Elle confère aussi une priorité aux organisations syndicales représentatives au niveau national pour constituer des listes. Et la loi du 4 août, institue une structure supplémentaire ouverte à l'ensemble des salariés de l'entreprise, les "groupes d'expression", afin d'organiser des échanges collectifs sur les contenus et l'organisation du travail. L'implantation et l'importance de chacune de ces institutions dans les entreprises varient en fonction du nombre de salariés dont les seuils ont été révisés par la loi du 29 octobre 1982. Certaines restrictions ont été apportées par la loi quinquennale sur l'emploi du 20 décembre 1993, comme la possibilité de regrouper les attributions et les fonctions des délégués du personnel et des C.E. dans les entreprises de 50 à 200 salariés. Mais cette loi a aussi institué des modes externes de représentation du personnel ("conseillers du salarié") pour les entreprises sans aucune représentation.

Cette approche est susceptible de contribuer à décrire la complexité d'un système d'action syndical dont on privilégiera deux aspects essentiels.

Il s'agit, d'abord, des revendications et des compromis avec les employeurs ou l'Etat sur plusieurs thèmes dont certains ont été récemment inclus dans le champ des relations professionnelles. Nous pourrons ainsi être conduits, pour des raisons d'explication, à nous situer en plus longue période. Le second aspect, que nous retiendrons, concerne l'évolution des modes d'organisation et de mobilisation des salariés dans une situation de mutations et de crise de l'emploi. On peut s'interroger, dans ce sens, sur les rapports entre la complexité croissante des problèmes du travail et de l'emploi, et plusieurs traits d'évolution caractéristiques des relations entre employeurs et syndicats. L'évolution des conflits sur la période retenue est marquée par une baisse du nombre annuel des jours de grève, par un recul des formes de conflits généralisés au profit de conflits plus localisés. La fréquence des journées nationales d'action (sectorielles ou interprofessionnelles) est en diminution, à l'exception de certaines pointes dues à des mouvements spécifiques dans les secteurs publics (mouvement de l'automne 1988, mouvement de novembre-décembre 1995). Les conflits ont tendance à se situer au niveau d'une entreprise, voire d'un établissement. [12] L'évolution des formes et des contenus des négociations est aussi sensible; elle est notamment marquée par la technicité des échanges, par le caractère centralisé des niveaux auxquels ils se situent (niveau interprofessionnel, mais aussi des grands groupes pour les négociations d'entreprise). Ceci peut contribuer à éclairer certains aspects de la désaffection syndicale ou de la démobilisation collective

---

[12] Le nombre annuel de jours de grève a atteint un sommet en 1968 (150 M). Il est resté important jusqu'en 1976 (5 M). Il est descendu en dessous d'1 M à partir de 1985, pour se stabiliser autour de 500 000 jours de grève dans les années quatre-vingt-dix. Et la part des journées nationales est en régression (de 20% à moins de 5% en moyenne annuelle).

des salariés. Nous ne cherchons pas à juger a posteriori de la validité des réponses syndicales, mais à mieux faire ressortir l'ampleur du chantier syndical mis en cause par les mutations du travail et la crise de l'emploi.

Les revendications, les modes d'organisation et de mobilisation syndicaux sont inscrits dans un long processus de formation historique. Ce dernier suit une dynamique de convergences et de divergences d'intérêts et de projets. Deux axes de clivages sont essentiels. Le premier est à caractère socioprofessionnel; il révèle une opposition entre des projets visant à rassembler l'ensemble des salariés, quels que soient leur activité ou leur statut, et des projets qui en privilégient les spécificités. Le second clivage est plus strictement politique; il oppose une culture de changement radical de la situation des salariés, et une culture d'aménagement et de compromis. La première culture est liée historiquement aux mouvements de l'anarchisme, du socialisme révolutionnaire et du communisme; la seconde culture est associée aux réformismes chrétien ou social-démocrate.

La situation française est aussi marquée par une domination de fait des structures syndicales confédérales, [13] et par leur pluralisme résultant essentiellement des scissions concernant les deux confédérations les plus anciennes, la Confédération Générale du Travail (C.G.T.), fondée en 1895, et la Confédération Française des Travailleurs Chrétiens (C.F.T.C.), constituée en 1919. [14] Parmi ces scissions il faut rappeler celles dont l'impact est encore présent aujourd'hui. Ainsi une scission au sein de la

---

[13] L'organisation syndicale sous une forme confédérée désigne une unité d'organisation à l'échelle nationale visant à rassembler tous les salariés par unions ou fédérations d'activités et unions ou fédérations territoriales. Elle a été aussi déclinée pour une partie des salariés, les cadres, avec la création en 1944 de la Confédération Générale des Cadres (C.G.C.). Nous reviendrons sur cette question à propos de la syndicalisation des cadres et des techniciens.

[14] De 1895 à 1919, la C.G.T. a été la seule confédération française; elle a perdu ce monopole avec la constitution de la C.F.T.C.

C.G.T. a entrainé la création de la C.G.T. Force Ouvrière (F.O.) en 1947, et sanctionné une rupture d'organisation entre les projets radicaux et les projets réformistes. Elle a été suivie dès 1948 par un processus progressif d'autonomisation de la Fédération de l'Education nationale (F.E.N.) vis à vis de la C.G.T., caractérisé jusqu'en 1954 par la possibilité d'une double affiliation à la F.E.N. et à la C.G.T. ou à F.O.. Il faut aussi évoquer la scission de 1964 ayant touché la C.F.T.C., dont une majorité de militants a constitué la Confédération Française Démocratique du Travail (C.F.D.T.), affirmant une volonté de laïciser le mouvement syndical d'origine chrétienne, ainsi qu'un projet réformiste. Des scissions, plus récentes, ont eu lieu; nous les évoquerons en fin d'ouvrage.

Tenant compte du pluralisme des organisations syndicales, notamment des organisations représentatives au niveau national,[15] nous cherchons moins à les particulariser en les opposant systématiquement, qu'à saisir l'homogénéité ou l'hétérogénéité de leurs pratiques au sein des relations professionnelles. Ces dernières peuvent révéler à la fois des divergences et des convergences entre organisations syndicales, mais aussi à l'intérieur de chaque organisation; et elles peuvent être mouvantes selon les thèmes ou les conjonctures.

Les syndicats sont dans une situation difficile. Au moment d'un reflux du nombre de leurs adhérents, ils doivent répondre à l'ampleur d'une crise et de mutations qui concernent les éléments les plus essentiels du statut des salariés. C'est pourquoi les syndicats restent très attachés à une démarche visant une réglementation d'ensemble du travail et de l'emploi, au niveau national et interprofessionnel. Mais en même temps, ils doivent prendre en compte les spécificités sectorielles et

---

[15] suivant plusieurs critères comme le nombre d'adhérents déclarés, la régularité des cotisations perçues, les résultats obtenus aux élections professionnelles, l'ancienneté, ainsi que, pour les organisations déjà existantes, le caractère patriotique des actions pendant la période d'Occupation de la seconde guerre mondiale.

professionnelles. Ils sont alors davantage partagés sur la nécessité de compromis plus localisés. Car ces derniers soulèvent plus immédiatement la question de leur rapport aux procédures de gestion des employeurs.

Afin de concilier tous ces éléments dans notre exposé, nous les développerons d'abord pour différents aspects essentiels de la réglementation et de la régulation de l'emploi salarié (qualification et classifications, organisation du travail, contrat de travail et formation). Ces derniers sont articulés et révèlent de nouvelles orientations en matière de gestion du personnel des entreprises. Nous évoquerons ensuite la question du temps de travail parce qu'elle représente un objet de synthèse et un enjeu symbolique en regard de cette évolution, tant du point de la lutte contre le chômage que du point de vue de la place du travail salarié dans les activités. L'extension du chantier syndical, que nous avons déjà évoquée précédemment, sera plus spécifiquement posée par rapport au développement récent des institutions locales et européennes. Nous proposerons, en dernier ressort, des éléments d'interprétation des problèmes rencontrés par le syndicalisme français en regard des rapports tendus qu'il entretient avec la gestion des employeurs et la régulation de l'Etat. [16]

[16] Afin de ne pas rompre l'exposé, nous proposons à la fin de chaque chapitre une bibliographie sélective des ouvrages auxquels nous nous référons pour chaque thème .

CHAPITRE I

UNE EVOLUTION DES CLASSIFICATIONS

Les employeurs cherchent à apprécier la qualification des salariés pour répartir le travail et le rémunérer. L'usage courant de la qualification dans les entreprises désigne l'ensemble des connaissances ou des capacités jugées nécessaires pour occuper un emploi. C'est pourquoi les employeurs utilisent des méthodes pour les inventorier et les classer (classification) selon un certain nombre de critères à deux niveaux d'activité (l'entreprise et la branche). Cette démarche n'est que partiellement négociée avec les syndicats, et principalement au niveau des branches ou de grandes entreprises. Les classifications ne sont devenues une disposition obligatoire de toute convention collective que depuis la loi du 13 juillet 1971 sur les conventions collectives. Et la loi du 13 novembre 1982 sur la négociation collective institue l'obligation pour les branches de négocier tous les cinq ans les classifications. Les critères de qualification et de classification sont aussi insérés dans des cadres économiques et sociaux plus larges. Ils servent de référence pour définir et classer les activités de la population active. Les services statistiques et l'administration du travail de l'Etat ont élaboré des codes ou des nomenclatures d'activités. Ces derniers visent à repérer et à hiérarchiser les emplois, les métiers et les professions, en fonction d'un ensemble de critères dont certains entérinent les classifications des entreprises ou des branches. Les qualifications et les classifications sont donc un enjeu important pour le syndicalisme. Elles servent de repères pour la définition et l'application de la réglementation du travail (salaire, contrat de travail), pour l'appréhension des évolutions du marché du travail (soit le rapport entre les offres et les demandes de travail). Et elles constituent un élément important pour apprécier la place de chaque individu dans l'organisation du travail et dans la société. Elles ont été marquées par plusieurs traits d'évolution significatifs des pratiques patronales, des relations entre employeurs et syndicats.

Nous traitons, ici, exclusivement des classifications de l'industrie, réservant au chapitre suivant certains rappels sur l'évolution des classifications du secteur tertiaire. Leur recomposition, voire même, dans certains cas, leur institution sont plus récentes dans ce secteur. Elles résultent du processus de croissance des effectifs du secteur tertiaire engagé depuis les années soixante.

Evolution des méthodes de qualification appliquées dans les entreprises.

Pour classer les salariés, les employeurs ont eu recours depuis les années trente à différentes méthodes visant à définir et décrire les emplois de leur entreprise pour les évaluer et les hiérarchiser. Ce sont les "méthodes de qualification". Ces dernières, jusqu'aux années quatre-vingt, n'étaient pas négociées avec les syndicats dans l'entreprise, à l'exception de grandes entreprises. Néanmoins, elles devaient tenir compte des grilles de classification négociées au niveau des branches. On doit mentionner ici une différence d'appréciation originelle entre employeurs et syndicats; les employeurs privilégiant l'emploi ou le poste de travail, les syndicats privilégiant l'individu ou la personne. D'où une confrontation autour de deux notions distinctes, la "qualification de l'emploi" et la "qualification du salarié". Pour l'employeur, la qualification est la place occupée par le salarié dans une grille de salaire; elle représente d'abord un coût inscrit dans un économie de marché. Pour les syndicats la qualification est un ensemble de savoirs et de savoir-faire acquis au cours d'un apprentissage dont le salarié doit tirer le meilleur parti en matière de rémunération et de statut. C'est sur la base de cette contradiction que les employeurs ont refusé de négocier le contenu des méthodes de qualification avec les syndicats. Cette attitude a évolué avec les mutations du travail et la crise de l'emploi. Les employeurs ont développé des projets de flexibilisation et d'individualisation de la gestion de main-d'oeuvre. Ces derniers ont contribué à réduire la coupure entre les deux approches de la qualification.

Les méthodes de qualification comportent deux volets complémentaires. Le premier est une analyse des emplois ou un inventaire détaillé des tâches en fonction de plusieurs critères. Le second est une évaluation des emplois pour les hiérarchiser et leur attribuer un coefficient de salaire. Cette dernière implique une pondération des critères et une notation de chaque emploi. Les employeurs utilisent des méthodes construites par des cabinets spécialisés. Ils tiennent compte aussi des classifications conventionnelles de branches qui s'imposent juridiquement. Ils cherchent à apprécier l'importance de l'emploi dans l'organisation du travail, et non à apprécier le comportement de la personne.

Les méthodes recensées sont définies en fonction des critères privilégiés. Elles ont évolué dans le temps. Les méthodes les plus anciennes sont les méthodes dites d'aptitudes (requises pour occuper l'emploi). Elles concernent exclusivement les emplois ouvriers. Elles décomposent chaque emploi en opérations élémentaires. Pour chaque ensemble d'opérations, on dresse une liste de capacités dont chacune aura une importance variable dans la note globale attribuée à l'emploi. On retient, par exemple, les "efforts requis" physiques ou mentaux (attention, précision), les "responsabilités" sur le matériel ou la qualité des produits, et, plus rarement, d'autres types de responsabilités en matière de respect des normes de sécurité, de relations à autrui ou de commandement. Deux autres ensembles de méthodes sont plus récents. Le premier est apparu à la fin des années cinquante. Ce sont les méthodes dites fonctionnelles. Elles situent l'individu dans son environnement de travail, en retenant les objectifs et les fonctions qui lui sont assignés par l'organisation. Le travail à accomplir n'est plus une chaîne singulière d'opérations; mais s'inscrit dans un schéma général de relations avec l'organisation. Trois critères sont considérés comme déterminants: la prise des informations préalables et nécessaires au travail (consignes ou instructions); l'élaboration d'un plan de travail (pour des opérations ou une décision); l'exécution du plan de travail et le contrôle de son exécution. Ces méthodes peuvent concerner toutes les catégories et toutes les fonctions. Elles ne retiennent pas directement des aptitudes, mais supposent une analyse de différents éléments de situation visant à apprécier leur complexité et le degré d'autonomie de la personne dans son travail. Enfin, troisième catégorie de méthodes, les méthodes dites globales. Elles prennent en compte plus directement la nature et l'importance des missions ou des moyens mis alloués à la personne, quelque soit sa fonction. Contemporaines des méthodes de gestion par projet, lancées dans les années soixante-dix; elles ne privilégient plus seulement les fonctions de production mais aussi d'autres fonctions comme les fonctions commerciales; elles concernent prioritairement des emplois de niveau supérieur.

Evolution des grilles de classification négociées au niveau des branches.

Les accords de classification de branches sont le résultat d'une pratique de négociation collective initiée par l'Etat après la Libération. Ils définissent des grilles hiérarchiques répartissant les salariés sur une échelle de catégories et de coefficients de salaires. L'objet du compromis concerne les distinctions entre catégories, leurs critères d'accès, le nombre ou les écarts entre les coefficients. La nature des critères retenus révèle aussi des compromis entre les employeurs et les syndicats en termes de qualification des emplois et de qualification des individus. Deux périodes marquent l'évolution de la négociation des classifications de branches.

La première période est placée sous le signe des arrêtés Parodi. Ces arrêtés ont été publiés par le ministère du travail en septembre 1945, dans le cadre d'une politique de contrôle des négociations de salaires. Ils proposaient aux branches des normes de classifications salariales à négocier avec les syndicats. Les branches ne signant pas d'accord devraient obligatoirement les appliquer à partir de 1946. Ces classifications couvraient l'ensemble des salariés classés entre plusieurs catégories d'emplois (ouvriers, employés, contremaîtres, techniciens ou dessinateurs, ingénieurs et cadres). Chaque catégorie était elle-même décomposée en sous-catégories et échelons en fonction du niveau d'apprentissage ou de formation; soit pour les ouvriers, les manoeuvres (M1, M2), les ouvriers spécialisés, les ouvriers professionnels (P1, P2). Les arrêtés les ventilaient sur une échelle de coefficients compris entre 100 et 600. Chaque catégorie recouvrait une échelle de coefficients délimitée par un minimum et un maximum; certains chevauchements étant aménagés entre le dernier coefficient d'une catégorie et le premier coefficient de la catégorie immédiatement supérieure. Mais le nombre de coefficients variait d'une catégorie à l'autre (la grille des cadres étant la plus longue, soit une échelle de coefficients de 185 à 600, contre une échelle de 100 à 170 pour les ouvriers, de 115 à 212 pour les employés). La négociation devait porter aussi sur une valeur du point qui, multipliée par chaque coefficient, en fixait le salaire horaire.

Après la loi du 11 février 1950 rétablissant la liberté de négociation des salaires, [17] on assiste à des aménagements successifs de ces grilles ainsi qu'à l'introduction de nouveaux critères. Deux types de situations s'instaurent. Certaines branches comme la chimie, le pétrole ou le textile gardent des grilles de classification nationales pour l'ensemble des catégories. Au

---

[17] C'est cette loi qui crée aussi le salaire minimum interprofessionnel garanti (S.M.I.G.), redéfini et rebaptisé salaire minimum de croissance (S.M.I.C.) en 1970.

contraire des branches comme la métallurgie et le bâtiment adoptent des grilles régionales; avec pour la métallurgie une grille nationale pour les cadres. On constate un mouvement général d'isolement des classifications de cadres; soit par un allongement des grilles (de 100 à 880 dans la chimie), soit par l'institution d'une échelle séparée avec une valeur du point propre (métallurgie). On relève aussi une tendance au regroupement des catégories non ouvrières (employés, techniciens, agents de maîtrise) sous les appellations d'E.T.A.M. ou de "collaborateurs". Les syndicats réagissent différemment à cette évolution. Les confédérations ouvrières comme la C.G.T., F.O., ou la C.F.T.C. revendiquent des "grilles uniques" (nationales, intercatégorielles, visant aussi à fixer des écarts constants entre le nombre de coefficients de chaque catégorie, et une valeur unique du point). La grille unique devient un symbole d'équité et de promotion. Les syndicats non ouvriers comme la C.G.C. sont pour des grilles nationales mais séparées par catégories. En ce qui concerne les critères, le patronat impose ses propres critères pour faire dépendre les salaires du contenu des postes de travail. Dans chaque grille se développent des descriptions d'emplois ("postes-types" ou "positions-repères") combinant différents critères des méthodes de qualification des entreprises. Leur nombre s'accroît en fonction des avancées technologiques de la production et de la spécialisation des fonctions administratives. Les syndicats négocient l'introduction des critères de qualification individuelle comme l'âge et l'ancienneté, synonymes d'expérience, ou le niveau de formation et de diplôme pour garantir des seuils minimaux de classification. Jusqu'aux années soixante-dix les syndicats refuseront par principe les évaluations de postes de travail, et resteront attachés à des niveaux de qualification définis globalement. Les employeurs refuseront de renégocier l'ensemble des grilles conventionnelles. La situation se soldera par des écarts croissants entre les salaires réels et les valeurs du point conventionnelles de chaque branche, ainsi que par une hétérogénéité de niveaux de salaires entre les branches.

La seconde période est celle d'une renégociation globale des classifications de branches. Elle découle des mouvements de mai-juin 1968. Inscrites au constat de Grenelle du 27 mai 1968 s'engageaient des négociations longues et difficiles pour une refonte des classifications au niveau des branches. La métallurgie était la première à conclure un accord le 21 juillet 1975. Cet accord n'a été signé que par trois syndicats (C.F.T.C., C.G.C., F.O.). Il classe les emplois par catégories sur cinq niveaux de complexité ou de difficulté du travail (I, II, III, IV, V). Ils résultent d'une combinaison de plusieurs critères repris des méthodes de qualification fonctionnelles ("autonomie", "responsabilité" dans le travail, "connaissances acquises"). Et cette grille concerne exclusivement les catégories non cadres, avec des clivages entre catégories selon le seuil et l'étendue des niveaux concernés; soit I à IV pour les ouvriers, I à V pour les administratifs, IV à V pour les techniciens, III à V pour la maîtrise. Une présentation innovante de ces classifications les ventile aussi par "filières" de fonction ou spécialité pour les administratifs et les techniciens (dessinateurs, préparateurs, électroniciens, personnels de secrétariat, ou de comptabilité). Et des garanties de classification sont fixées selon les diplômes (du certificat d'aptitude professionnelle ou C.A.P. au diplôme universitaire de technologie ou D.U.T.). Mais les cadres restent encore sur une grille à part. Et les négociations de la valeur du point demeurent toujours conduites au niveau régional. La C.G.T. et la C.F.D.T.[18] refusent de signer, condamnant notamment l'isolement des cadres et le caractère encore discontinu de la grille des autres catégories. Entre 1980 et 1983 la filière ouvrière sera prolongée au niveau IV par quatre coefficients correspondant à une nouvelle fonction, celle de "technicien d'atelier". Cette dernière désigne des ouvriers dont le

---

[18] fondée en 1964 à partir d'une scission majoritaire de la C.F.T.C..

niveau de technicité est particulièrement élevé; défini par l'identification de connaissances particulières en matière d'utilisation des équipements. Cette classification traduit une rupture avec les critères de qualification de métier; et elle justifie la référence aux diplômes. Enfin, la grille des cadres sera recomposée en septembre 1983.

Les partenaires sociaux signeront par la suite de nouveaux accords de classifications dans d'autres branches comme la chimie, la pharmacie ou le bâtiment. Ces accords répartissent les salariés entre plusieurs niveaux ou "groupes" suivant les même critères de qualification fonctionnelle (responsabilité, autonomie). Ils garantissent une classification minimale en fonction des niveaux de formation ou de diplôme. Ils peuvent aussi, dans certaines branches, réduire les écarts entre les catégories (le nombre des coefficients), et même intégrer les cadres (chimie). Et, dans la plupart des cas, ils n'ont pas été signés par la C.G.T., ni par la C.F.D.T., dans une moindre mesure. Pour certaines grilles (chimie), les refus portaient moins sur la conception d'ensemble que sur des questions de niveaux de salaire.

Les négociations de branches confirment un clivage entre la C.G.T. et la C.F.D.T., d'une part, et les autres syndicats, d'autre part. La C.G.T. et la C.F.D.T. refusent tout écart par rapport à un modèle unique de classifications visant à couvrir l'ensemble des catégories de salariés. Toutefois leurs positions sont moins homogènes en ce qui concerne les critères de qualification. La C.G.T. établit un lien étroit entre qualification, responsabilité dans le travail et salaire. Elle estime que le système capitaliste remet en cause de manière permanente une reconnaissance de ce lien par ce qu'elle appelle un "processus de déqualification du travail". La C.F.D.T. est aussi sensible à ces aspects, mais elle insiste sur les effets négatifs d'un mouvement de parcellisation et d'émiettement de l'organisation du travail. Et elle critique aussi plus fondamentalement toute relation stricte établie entre poste de travail et niveau de salaire. La crise de l'organisation du travail, déclenchée par les mouvements de grève des O.S., précipitée par le redéploiement de l'industrie, contribuera à rapprocher les analyses de la C.G.T. et de la C.F.D.T..

A la fin des années soixante-dix, 25% des salariés n'étaient toujours pas couverts par un convention collective. Et la montée du chômage polarisait de plus en plus les négociations dans les branches disposant d'une convention collective sur les questions d'emploi. Elle laissait de côté le problème d'un décalage croissant des classifications par rapport à l'évolution des contenus d'emploi. En partie pour ces raisons, la loi du 13 novembre 1982 sur la négociation collective proposera d'inclure les classifications parmi les thèmes soumis à une obligation de négociation (tous les cinq ans) au niveau des branches. Cette loi contribuera directement à relancer les négociations de branches sur les salaires, soumis à une obligation annuelle, notamment pour ajuster les minima de salaires conventionnels aux salaires réels. Ces dernières associées à une évolution des gestions de personnel des entreprises auront comme effet de relancer les négociations sur les classifications dans les années quatre-vingt; soit certains aménagements de critères des classifications des branches disposant d'une grille nationale, et la constitution de grilles nationales pour les branches sans convention collective. Les grilles de classifications intégreront notamment plus massivement les références aux diplômes, en multipliant le nombre des diplômes cités, qu'ils soient acquis en formation initiale ou en formation continue. Les négociations de branches seront aussi polarisées sur la question des minima de salaire, notamment par rapport à certains différentiels maintenus avec le salaire minimum interprofessionnel de croissance (S.M.I.C.). Elles seront aussi touchées par l'évolution des modes de rémunération des entreprises; ces derniers étant marqués par une flexibilisation et une individualisation pouvant réintroduire de nouveaux écarts entre les salaires réels et les salaires conventionnels de branche.

Evolution des catégories et de la composition de la population active.

L'Etat recourt à des codes et nomenclatures pour classer les activités et les individus de la population active (codes des métiers ou des professions, nomenclatures des emplois ou des professions et catégories socioprofessionnelles). Ces outils, utilisés dans les enquêtes nationales sur l'emploi ou les recensements de population, constituent pour les employeurs et les syndicats des repères sur l'état et la composition de la population active.[19] Ils retiennent différents critères comme la profession, le statut (salarié, non salarié) et la qualification. Cette dernière fait explicitement référence aux classifications des conventions collectives. Ces nomenclatures sont l'objet de refontes ou d'aménagements (en fonction des évolutions des emplois, des qualifications et des classifications), pour lesquels l'Etat consulte les partenaires sociaux. En retour, les nomenclatures peuvent servir de références dans les négociations des classifications de branches.

Depuis 1983 existe une nouvelle nomenclature des activités individuelles, la "nomenclature des professions et catégories socioprofessionnelles" (P.C.S.). Elle fusionne et remplace plusieurs codes ou nomenclatures antérieurs. Elle concerne toutes les formes d'activité salariée et non salariée, mais retient un plus grand nombre de critères pour classer les activités salariées. Les principaux critères sont les classifications des conventions collectives complétées par d'autres critères comme le secteur d'activité, les fonctions et les spécialités. Elle se présente comme une pyramide comportant plusieurs étages. La base de la pyramide, ce sont cinq cent "rubriques" correspondant aux

---

[19] La population active est une partie de la population totale appréhendée dans les enquêtes nationales comme le recensement. Elle regroupe les individus qui déclarent être au travail ou à la recherche d'un emploi, plus les militaires du contingent.

appellations courantes des activités proposées par les professions non salariées et les conventions collectives de salariés. Trois étages correspondent chacun à un nombre décroissant de catégories socioprofessionnelles (C.S.P.); soit, successivement, quarante deux postes ou "C.S.P. détaillées", vingt quatre postes ou "C.S.P. courantes", et huit postes ou "grandes C.S.P." dont quatre pour les salariés (cadres supérieurs, professions intermédiaires, employés et ouvriers). La construction de cette nomenclature s'est appuyée sur une longue consultation des syndicats de salariés et d'employeurs, des représentants des chambres de métiers, de commerce et d'industrie dans le cadre du Conseil national de la statistique. Cette consultation a porté sur les conditions de refonte des nomenclatures antérieures en fonction des données recueillies par le Centre d'études et de recherche sur les qualifications (C.E.R.E.Q.) sur les contenus d'emploi de tous secteurs.[20]

Les données recueillies lors des recensements, données les plus exhaustives, montrent une montée de la part des salariés dans la population active, ainsi que des évolutions considérables de sa composition. Selon le recensement de 1990, la France compte 25 M d'actifs; soit un taux d'activité de 45% rapporté à l'ensemble de la population française. Les salariés représentent 19,2 M d'individus, soit 86% des actifs occupés (ou ayant un emploi). En ce qui concerne la répartition de la population active par secteur, le tertiaire représente 67% de l'emploi total en 1990; c'est le résultat d'un double mouvement, particulièrement accentué entre 1980 et 1990, combinant une chute des effectifs occupés dans l'industrie et une montée des effectifs du tertiaire. Enfin, un autre fait important et complexe, concernant les catégories socioprofessionnelles, c'est la transformation de leur

[20] Soit une succession d'enquêtes ayant réalisé 10 000 observations d'emplois; ces dernières ayant été regroupées par famille d'emplois, soit 800 "emplois-types".

répartition. Au niveau le plus agrégé, on constate que les ouvriers sont passés d'une masse de 37% de la population active occupée dans les années soixante à moins de 30% en 1990. Si les ouvriers ne sont plus majoritaires dans l'industrie, ils en sont encore la première catégorie (44%). Les employés ont doublé sur la même période; ils représentent 27% de la population active occupée. Les professions intermédiaires (regroupant les techniciens, la maîtrise, les cadres moyens administratifs et commerciaux, les instituteurs, des personnels de la santé, etc...) ne rassemblent que 20% de cette population. Mais ils ont le même rythme de progression que celui des employés. Enfin, les cadres supérieurs, soit 12% de la population active occupée, ont la progression la plus rapide, soit + 4% par an entre 1962 et 1982, et + 5% entre 1982 et 1990. On peut donc observer un recul de l'importance des ouvriers dans la population active au profit des autres catégories. Les ouvriers sont même distancés par le seul ensemble formé des professions intermédiaires et des cadres.

Un autre aspect important de l'évolution de la population active est celui d'une part croissante occupée par les femmes: 42% des actifs sont des femmes. Les femmes sont diversement représentées selon les catégories socioprofessionnelles. Elles sont concentrées sur la catégorie des employés (75% des employés du commerce, des entreprises et de la Fonction publique, avec une pointe à plus de 80% des employés de services aux particuliers) et, dans une moindre mesure, sur plusieurs professions intermédiaires (excepté pour les professions de la santé et du travail social, où elles totalisent 76% des emplois). Elles sont les moins nombreuses parmi les cadres et les ouvriers, avec toutefois une proportion plus forte chez les ouvriers non qualifiés (un tiers d'entre eux).

Tous ces aspects ne sont pas sans poser de questions au syndicalisme. Ils seront réexaminés et développés par rapport aux transformations des composantes de l'organisation du travail et à leur impact sur l'action et l'organisation syndicale.

Bibliographie.

Carrière M., Zarifian P. (1985), Le technicien d'atelier dans la classification de la métallurgie, Formation Emploi, n°9, janvier-mars.

Centre d'études et de recherches sur les qualifications (1973), L'analyse des qualifications et les classifications d'emplois, Bibliothèque du C.E.R.E.Q., volume n°5, La Documentation française, septembre.

Eyraud F., Jobert A., Rozenblatt P., Tallard M. (1989), Les classifications dans l'entreprise: production des hiérarchies professionnelles et salariales, La Documentation Française.

Desrosières A., Thévenot L. (1988), Les catégories socioprofessionnelles, Repères, La Découverte.

Guillon R., Pigelet J.L. (1974), Cadres, techniciens et agents de maîtrise devant la qualification et l'emploi; leurs pratiques de négociation collective, C.R.E.S.S.T., Université Paris-Sud.

Hunout P. (1987), L'évaluation et la classification des emplois, document de travail n°29, C.E.R.E.Q..

Jobert A., Tallard M. (1996), Diplômes et certification de branche dans les conventions collectives, Formation Emploi n°52, janvier-mars.

Naville P. (1956), Essai sur la qualification du travail, Marcel Rivière.

Sociologie du travail (1973), La qualification du travail, numéro spécial n°2, avril-juin.

CHAPITRE II

L'AMPLEUR ET LES EFFETS DES MUTATIONS DE L'ORGANISATION DU TRAVAIL.

Les qualifications sont inscrites dans l'organisation du travail. Cette dernière a été construite suivant les principes d'un modèle unique, le modèle taylorien. Ce modèle a été conçu pour répartir et contrôler le travail dans la production industrielle. Associé au départ à des processus et des modes de production manuels ou mécanisés, il a été atteint par leur automatisation. L'organisation du travail industriel a aussi été l'enjeu d'un mouvement de contestation ouvrière des conditions de travail. Tous ces éléments intégrés dans une évolution des marchés et de la concurrence économique ont contribué à infléchir la rigidité et la stabilité des normes de répartition et de contrôle du travail dans l'industrie. Cette dynamique a été aussi associée à une montée de la part des activités de services (développement des traitements d'information dans l'industrie, développement des catégories et du secteur tertiaires). Ensemble elles ont produit un mouvement de recomposition des catégories de salariés. Tous ces aspects ont concerné et touché, à des degrés divers, le syndicalisme.

Une remise en cause du modèle taylorien par les techniques et les conflits sur les conditions du travail ouvrier.

Les principes d'organisation du travail énoncés par Taylor au début du siècle ont inauguré un mouvement de rationalisation du travail dans les entreprises dont les caractéristiques ont été largement exposées. Celles-ci sont notamment marquées par une étanchéité entre fonctions, une dépendance des fonctions de réalisation des produits (ou, plus tard, des services); soit, dans l'industrie, une mise en tutelle des tâches de fabrication faisant l'objet de consignes strictes émises par les bureaux des temps et des méthodes . Ce modèle a été accentué dans l'industrie avec la mécanisation et l'essor des processus de production de masse, sous la forme du "travail à la chaîne". Il concernait une main-d'oeuvre essentiellement ouvrière affectée à des opérations répétitives de montage et d'assemblage.

Une première vague d'automatisation en France, dans les années cinquante, a touché la production de nombreuses industries. Elle a atteint aussi bien les chaînes de fabrication mécanisées des industries automobiles, de la construction électrique ou du textile que la production des industries de transformation comme le pétrole, la chimie ou la sidérurgie, ou "industries de process"; elle a été accompagnée d'une introduction massive du "travail en continu", par équipes alternantes de jour et/ou de nuit (soit deux, trois ou, plus rarement quatre équipes). L'importance et le nombre d'équipes sont les plus élevés dans les secteurs de process. L'automatisation a aussi contribué à instaurer de nouvelles formes de travail ouvrier; spécifiques par l'importance et le caractère à distance des activités de contrôle et de surveillance des équipements.

Une nouvelle vague d'automatisation touche successivement d'autres activités de production et des activités de conception. Elle concerne le travail ouvrier mais aussi celui d'autres catégories. Elle crée de la complexité, ainsi qu'une nécessité de souplesse et de flexibilité pour coordonner les activités. Elle contribue à remettre en cause le caractère unique et dominant du taylorisme.

Ce sont d'abord les activités restées à l'écart du travail à la chaîne qui sont touchées par de nouveaux progrès de l'automation, dans plusieurs grandes industries (automobile, construction électrique et électronique, construction aéronautique, industrie de l'armement, construction de machines-outils). A partir des années soixante-dix, se développent des fonctions de programmation sur de nombreux équipements, désignés sous le terme de "machines-outils à commande numérique". Ces fonctions modifient le travail et la qualification des "ouvriers professionnels". Ces derniers intervenaient sur différents équipements appelés "machines universelles", et caractérisés par la diversité des outils et la variabilité de leurs cycles de fonctions (tours, fraiseuses). Ils disposaient d'une certaine autonomie pour organiser leur travail, pour accomplir différentes opérations spécifiques et non soumises directement aux contraintes de la production de masse. Ils réalisaient ainsi, dans un secteur comme la métallurgie, l'usinage des pièces nécessaires à la fabrication ou à l'entretien des équipements. Restés à l'écart des plages de travail automatisées, ils étaient les héritiers des ouvriers de métier des formes de production plus anciennes ou artisanales; dans la mesure où ils gardaient une certaine maîtrise en matière de choix et de préparation des outils, d'appréciation des normes et de contrôle. Avec l'introduction de la commande numérique ces ouvriers participent encore à la préparation et au lancement des programmes. Mais une partie de leur qualification (savoirs, savoir-faire, tours de main) est transférée sur la machine. Et ils doivent apprendre de nouveaux savoirs et langages de programmation. Leur travail et leur qualification se rapprochent de ceux des ouvriers qualifiés chargés de surveiller les cycles d'opérations de production les plus automatisés des industries de process.

Simultanément, dans les bureaux d'études de plusieurs secteurs comme l'aéronautique ou l'automobile, sont introduits divers logiciels de dessin ou de simulation graphique dont l'ensemble est désigné par le terme de "conception assistée par ordinateur" (C.A.O.). De nombreux emplois administratifs et de techniciens sont touchés voire supprimés.

A partir des années quatre-vingt, on assiste à la mise en place de robots dans les ateliers de production de l'industrie automobile. Ils sont répartis et agencés pour couvrir plusieurs phases de fabrication, puis raccordés aux nouveaux outils de conception et d'études. Ils constituent des réseaux complexes de "productique" et d'"informatique industrielle" contrôlés par différents systèmes de gestion intégrés.

Par rapport à l'ensemble de ces nouveaux réseaux et systèmes, une fonction revêt une importance déterminante, c'est la maintenance; pour éviter les incidents techniques, étant donné la complexité croissante des systèmes, et le coût élevé des arrêts de production. Les aspects d'imprévisibilité des risques de panne confèrent de l'autorité aux personnels de cette fonction: ingénieurs, techniciens, mais aussi ouvriers.

Tous ces aspects contribuent à développer de nouvelles représentations de la production et des qualifications. L'organisation du travail vise de plus en plus à coordonner toutes les fonctions qui avaient été séparées par le taylorisme. Une telle évolution est aussi liée en partie à des mouvements revendicatifs.

La fin des années soixante et le début des années soixante-dix sont marqués par un mouvement de contestation des conditions de travail chez les ouvriers spécialisés ou O.S.. Ce sont les ouvriers travaillant à la chaîne, sans qualification spécifiquement reconnue. Concentrés dans plusieurs grands secteurs comme l'automobile, la construction électrique, le textile, ils représenteront 40% des ouvriers jusqu'au milieu des années soixante-dix, pour reculer ensuite au profit des ouvriers qualifiés, eux-mêmes en recul dans l'industrie, mais dans une moindre proportion, à partir de 1982; soit respectivement une diminution du nombre des ouvriers qualifiés industriels de 0,3% par an contre une diminution de 2,4% pour les O.S.. Refusant la nature et les cadences d'un travail mal payé, et sans perspective, les O.S. lancent plusieurs mouvements de grèves, en dehors des syndicats, dans l'automobile et le textile. Ils sont rejoints et appuyés par les syndicats qui en profitent pour resituer leurs revendications dans une critique des fondements du taylorisme. Ces mouvements se développeront jusqu'en 1973. Certains d'entre eux ont été de longue durée (grève des O.S. de l'usine Renault du Mans du 24 avril au 24 mai

1971). L'administration et le patronat engagent une réflexion sur l'ensemble des problèmes du travail ouvrier. Un rapport au ministre du travail recense des expériences engagées, dès les années soixante, dans des entreprises de plusieurs pays européens (Norvège, Suède, Hollande, Italie). Elles touchent les productions des industries automobiles, mécaniques et électriques, les textiles artificiels. Elles assurent toutes une recomposition des opérations de montage et d'assemblage à la chaîne pour améliorer les conditions de travail. En France, s'amorce un mouvement de restructuration du travail à la chaîne dans plusieurs industries de même nature que celles des premières expériences européennes (automobile, industrie électrique ou électronique, textiles artificiels, et agro-alimentaire). Ce sont de multiples expériences menées par les grands constructeurs d'automobiles, par la Télémécanique, la Radiotechnique et I.B.M., par Saint Gobain, Rhône Poulenc ou B.S.N.. On réduit d'abord l'étendue des chaînes au profit de chaînes plus courtes. Elles comportent une quinzaine de personnes en moyenne, bénéficiant de plages d'intervention plus longues et plus variées (du montage au contrôle de qualité). Les industriels cherchent à regrouper progressivement les tâches et les fonctions séparées par le taylorisme, pour rompre la monotonie de certaines plages d'activité ou faire participer les ouvriers à la définition des normes de leur travail. Ainsi, on peut rappeler diverses modalités comme la "rotation des postes", ou l'"élargissement" et l'"enrichissement des tâches". L'élargissement des tâches vise à regrouper plusieurs opérations d'une même fonction (la fabrication). L'enrichissement concerne plusieurs tâches de deux fonctions différentes (fabrication et entretien). Ces modèles d'organisation cherchent à faire réaliser par les ouvriers des ensembles de production plus complets, pour restituer plus d'autonomie dans leur travail à l'ouvrier. Et certaines expériences ont aussi réduit la coupure entre la fabrication et les méthodes. La constitution des "groupes semi-autonomes" (G.S.A.) représente la forme la plus complète d'enrichissement et d'élargissement du travail. Les ouvriers ont la possibilité de faire leur planning et de répartir un travail défini globalement par la hiérarchie. Cette formule va accompagner une transformation sensible de la répartition des fonctions de l'organisation du travail, marquée par un resserrement entre les fonctions d'approvisionnement, de préparation du travail, de fabrication et d'entretien; ainsi que par leur association et leur spécialisation sur chaque produit. Plus largement, elle participe au développement d'un management faisant davantage appel à la participation des salariés. Ceci n'est pas sans poser problème aux fonctions d'encadrement les plus traditionnelles, comme la maîtrise. Certains G.S.A. ont la possibilité d'établir leurs horaires et leurs congés.

Les syndicats sont d'abord attentifs et plutôt favorables à ces expériences. Mais ils refusent qu'elles se réduisent aux seuls aspects des cadences ou des charges de travail. Ils exigent que ces changements soient l'occasion d'une révision des classifications et d'une revalorisation des salaires. Ils revendiquent de nouvelles politiques de formation et de promotion des catégories ouvrières. Dès la seconde moitié des années soixante-dix, la C.G.T. adopte une position critique. Elle redoute d'abord à terme des effets négatifs sur le niveau de l'emploi, à cause des gains de productivité. Elle dénonce ensuite le fait que ces expériences dépendent du seul management sans aucune négociation syndicale. Et elle insiste sur l'obtention de nouvelles contreparties salariales en regard des gains de productivité liés à toutes ces expériences. A la base, les réactions varient selon les catégories. Les O.S. et la maîtrise sont les plus méfiants. Les premiers parce qu'ils redoutent des suppressions d'emploi; et les seconds parce qu'ils constatent un recul de leur autorité sur les ouvriers. Les ouvriers qualifiés sont au contraire favorables à cette évolution. Ils y voient la possibilité de nouvelles formes positives de participation et d'expression, même si elles sont en décalage avec les modèles de délégation syndicale.

Toutes ces expériences ont été progressivement absorbées dans les années quatre-vingt par le mouvement de diffusion et d'intégration des nouveaux systèmes de production automatisés. Ce mouvement détermine de nouvelles formes de recomposition technico-organisationnelles des productions (par modules ou lignes plus longues de fabrication informatisée). Les expériences de recomposition des tâches des années soixante-dix n'ont survécu en l'état que dans les secteurs de fabrication les moins automatisés ou sur certains segments particuliers de montage-assemblage des productions de masse.

De nouvelles problématiques sur le travail: polyvalence et qualification collective, recomposition des modes de gestion de la production et management participatif.

Progressivement la "polyvalence" devient le maître mot de l'analyse des qualifications. Certains analystes utilisent aussi le terme de "pluri-activité". Les regroupements de tâches et de fonctions requièrent de nouvelles capacités pour s'insérer non plus seulement dans un emploi, mais dans un ensemble, un "collectif" qui requiert une souplesse d'adaptation aux divers changements. D'où, aussi, la nécessité pour le salarié non seulement de se situer plus immédiatement par rapport à ses collègues de travail, mais aussi de le faire dans un cadre plus abstrait. Une autre notion importante, c'est celle de "qualification collective" pour des productions impliquant de nouveaux découpages de fonctions selon des modèles plus coopératifs. D'où, encore, l'importance croissante des échanges d'informations, des réseaux de communication dans le travail; et notamment en termes d'ajustements interactifs entre les fonctions de l'entreprise (production, conception, marketing), entre celles-ci et la clientèle ou les fournisseurs. Les opérateurs de fabrication sont associés aux tâches de maintenance pour signaler les anomalies, voire même, dans certains cas, y remédier. Ils sont plus directement sollicités à l'occasion des lancements de chaque fabrication de plus en plus fréquents par les interventions directes des commerciaux et même de la clientèle. Par rapport aux expériences des années soixante-dix pour lesquelles les normes restaient encore préétablies, les nouveaux collectifs de production sont en fait des réseaux d'échange qui contribuent à structurer des projets ainsi qu'à proposer de nouvelles normes.

Toutes ces évolutions, inscrites dans une accentuation et une internationalisation de la concurrence, concourent à recentrer les activités industrielles sur la production. Un tel "recentrage" vise à resserrer les liens entre la fabrication et la maintenance des équipements, à intégrer une multiplicité de contrôles ainsi qu'à faire coopérer un spectre plus large de fonctions et de catégories professionnelles (de l'ouvrier à l'ingénieur en passant par le technicien) pour maîtriser les délais ("juste-temps"), réduire les immobilisations de stocks ("stock zéro"), améliorer la qualité. C'est notamment l'essor des "cercles de qualité" lancés pour des produits dont la durée de vie est de plus en plus courte. Les cercles de qualité rassemblent les responsables de plusieurs services de production et d'autres services que ceux de production (études, développement, technico-commercial). Ils auditionnent aussi des techniciens et des ouvriers. Ils contribuent à diffuser les préoccupations de gestion sur un spectre de salariés plus large qu'auparavant. Et la conception d'un "ouvrier-strict-exécutant" est remise en cause par une démarche de management cherchant à l'intégrer dans un modèle de gestion plus flexible. Les techniciens croissent aussi en nombre et en importance. Ce sont surtout des électroniciens, des mécaniciens spécialisés dans les automatismes, et des informaticiens. Ils rejoignent aussi des fonctions réservées aux agents de maîtrise avec lesquels ils entrent en concurrence pour assurer un rôle d'animateur d'ouvriers de plus en plus qualifiés.

Les mutations de l'organisation du travail de production impliquent des mouvements et des projets complexes en rupture avec le modèle taylorien. Ils

impliquent une réduction des modes d'autorité hiérarchiques pour leur substituer de nouveaux modes d'animation reposant sur l'expression, la participation, l'adhésion consentie des salariés. Cette adhésion est recherchée au niveau des objectifs de chaque unité mais aussi à celui de l'entreprise (culture d'entreprise). Mais les nouveaux modèles ne sont pas exempts de nouvelles rigidités ni d'effets pervers:
- nouvelles contraintes dues aux modes de production et de gestion en flux;
- intensification du travail (flux tendu), anxiété par rapport à la complexité, au coût des équipements, aux conséquences de toute erreur;
- suppression de certaines plages de travail qualifiées (un ensemble de tâches des ouvriers de métier ou professionnels, des tâches de préparation du travail), transferts ou bouleversements de qualifications, avec aussi de nouvelles possibilités de remplacements au pied levé.

Des changements dans le tertiaire.

Le secteur tertiaire s'est considérablement développé; il emploie trois fois plus de salariés que l'industrie. Il reste marqué par une grande hétérogénéité sectorielle depuis les services rendus aux particuliers jusqu'aux services rendus aux entreprises, en passant par les services de la Fonction publique et des collectivités territoriales. La notion de service recouvre des activités marchandes et non marchandes dont les processus et les modes d'organisation sont plus ou moins formalisés en fonction de plusieurs critères. Elle recouvre aussi des situations de travail dans lesquelles les salariés sont en relation directe ou non avec leur employeur, avec une clientèle ou un public; dans lesquelles ils peuvent intervenir sur des procédures assimilables aux étapes de la production d'un produit. Ces procédures peuvent aussi fonctionner ou non selon des normes bureaucratiques. C'est pourquoi l'informatisation et la recomposition de l'organisation du travail tertiaire ont été plus tardives et plus dispersées que dans l'industrie. Elles ont touché en premier certaines branches d'activité comme la banque, les assurances ou les télécommunications, avant de concerner d'autres secteurs d'activité comme les transports, l'administration et la distribution. Et elles ont été précédées, dans les années soixante, par un mouvement préalable de parcellisation taylorienne du travail d'exécution. Il a concerné exclusivement les tâches d'écriture et de codification, les tâches d'enregistrement et de classement qui ont été ensuite progressivement informatisées, au cours des années soixante-dix. Cette séquence de parcellisation et d'informatisation des tâches a bouleversé les conditions de travail des employés de bureau les moins qualifiés. Elle a provoqué des mouvements de grève chez les employés de banques comparables à ceux des O.S. de l'industrie (grève des employés du Crédit Lyonnais rejoints par les employés d'autres banques en mai 1974). Mais l'informatisation a surtout été utilisée dans plusieurs secteurs marchands pour un redéploiement des activités dont la rationalité est largement dépendante d'une politique de maîtrise des marchés. Ainsi les banques et les assurances ont redéfini leurs stratégies de compétitivité pour répondre à la déréglementation et à l'internationalisation de la concurrence. La suppression d'une distinction entre les activités des banques d'affaires et celles des banques de dépôt, les rapprochements entre les banques et les assurances, l'ouverture du marché français aux banques et compagnies étrangères; autant de mouvements importants. Les banques et les compagnies d'assurances françaises ont réorganisé et resserré leurs structures de gestion interne pour développer des services à la clientèle de plus en plus diversifiés. Elles ont supprimé d'abord des emplois administratifs et comptables du "back office" (remplacés par les chaînes de traitements automatisées) pour développer les emplois du "front office" en rapport direct avec la clientèle. L'informatique favorisait des chaînes de traitement plus longues et plus complexes, plus interactives entre ces nouveaux profils de cadres et d'employés commerciaux polyvalents, la clientèle et le siège. Des mouvements similaires ont aussi concerné des activités non marchandes comme celles des caisses d'allocations de la Sécurité sociale. Et, depuis les années quatre-vingt-dix, l'informatisation tend à réduire une part croissante des emplois du secteur tertiaire.

Trois autres traits d'évolution du tertiaire sont particulièrement sensibles. Le premier est celui de la féminisation des emplois. Alors que dans l'industrie le taux de féminisation s'est maintenu entre 1982 et 1990 autour de 34%, il est passé de 49% à 52% dans le secteur tertiaire. Le second aspect important est celui d'une montée des professions administratives et commerciales dites intermédiaires (entre les cadres supérieurs et les employés). Ces professions représentaient en 1990 un ensemble de plus de 3 M de personnes réparties entre le secteur privé et l'administration. Leur rythme de progression annuelle s'est accéléré, pour atteindre +5% entre 1982 et 1990. On constate leur progression dans de nombreux secteurs (depuis l'administration jusqu'à la distribution, en passant par les secteurs de la santé) et sur un spectre large de fonctions comme l'informatique, la comptabilité, la gestion des stocks, les achats ou les approvisionnements, les ventes. Ces professions ont notamment contribué à renouveler la maîtrise et à développer des profils d'activité polyvalents; mais aussi à conforter des modèles de gestion moins déconcentrés et plus étanches que ceux de l'industrie; en introduisant notamment un écran entre les employés et les gestionnaires. Le troisième trait marquant est celui d'un mouvement de négociation nationale des classifications. Il correspond d'abord aux négociations de conventions collectives dans certains secteurs non couverts comme l'hôtellerie et la restauration de chaîne, les restaurations collective, ferroviaire, ou rapide (entre 1975 et 1988). Mais ces négociations aboutissent à des grilles dont les critères restent très traditionnels. Et, ensuite, les secteurs déjà couverts, comme les banques ou les assurances, redéfinissent à la fin des années quatre-vingt et au début des années quatre-vingt-dix leurs grilles de classifications d'entreprises puis de branches. Ces dernières ont été inaugurées par un accord de classification négocié au Crédit Agricole en novembre 1987. Il définit trois grandes catégories de salariés dont les appellations sont significatives d'une recomposition des activités: "agents d'application", "techniciens" ou "animateurs d'unité", "responsables de management". Les critères intègrent davantage ceux des méthodes de qualification fonctionnelles, critères de qualification d'emploi et des individus; avec, pour les premiers, une importance accordée aux critères de gestion budgétaire et commerciale, et, pour les seconds, aux capacités de communication et d'écoute.

Les mouvements de l'organisation du travail industriel et tertiaire sont marqués par une complexification et une flexibilisation des systèmes, par une montée des fonctions de traitement d'information et de communication. Ils ne correspondent plus à un modèle d'organisation du travail et des qualifications unique et dominant. Ils réduisent aussi les distances entre l'industrie et le tertiaire.

En même temps, ils contribuent à segmenter les catégories de salariés par rapport aux dimensions de gestion et de communication. De nouvelles catégories de techniciens, d'informaticiens sont en concurrence avec d'autres catégories plus anciennes comme la maîtrise. D'où de nombreuses interrogations en matière d'identité collective, de pertinence des modèles d'action collective représentés par les syndicats, ou encore des questions sur les rapports entre action revendicative et négociation.

Une évolution des enjeux de l'action syndicale: une "nouvelle classe ouvrière", une tertiairisation des activités, les groupes d'expression.

L'évolution des modes de production, des modes d'organisation et des qualifications a des conséquences sur la composition des catégories de salariés. Elle remet en cause la nature du travail et la place des ouvriers sur lesquelles se sont fondées l'organisation et l'action syndicales. Elle est aussi concomitante de l'émergence de nouveaux droits dans l'entreprise, les droits d'expression. Ces derniers contribuent à fixer de nouveaux défis aux syndicats.

Plusieurs aspects de l'évolution du travail et des qualifications contribuent à bouleverser le "vivier syndical". Ce sont d'abord toutes les mutations qui ont modifié le profil des ouvriers. Les premières réflexions sur de telles mutations et leurs conséquences pour le syndicalisme ont été menées au début des années soixante autour du thème de la "nouvelle classe ouvrière"; soit, bien antérieurement, à une baisse massive du nombre des ouvriers et à une montée des techniciens. Les analystes tenaient surtout compte des perspectives ouvertes par une automatisation croissante des systèmes de production. Cette évolution devait contribuer à qualifier davantage les ouvriers et à développer parallèlement les techniciens. Elle était en même temps susceptible de leur conférer de nouvelles possibilités en matière de contrôle des systèmes de production. Dans une économie industrielle, marquée à la fois par un développement des compétences et des investissements technologiques, les revendications devaient évoluer. Centrées sur un modèle de contrôle des conditions de travail, elles devaient intégrer davantage des dimensions ou des enjeux de gestion (financière). Ces dernières, situées aussi au niveau le plus global des entreprises, devaient être associées aussi à de grands objectifs de développement. Et elles devaient précipiter une mobilisation des salariés des grandes entreprises en faveur d'un modèle de type autogestionnaire. D'où la nécessité d'instituer et d'organiser un syndicalisme d'entreprise (constitué plus tard, en décembre 1968, par la reconnaissance de la section syndicale d'entreprise). La réalité a montré certaines variantes par rapport à ce schéma. La révolution technique des ateliers a certes fait reculer chez les ouvriers qualifiés le modèle classique de l'ouvrier professionnel. Mais elle a surtout bouleversé les frontières entre ouvriers qualifiés et techniciens, suscitant chez les uns et les autres des problèmes d'identité collective. Les aspirations au contrôle du travail et de la production se sont diluées dans une complexification du travail de production où les normes de gestion sont plus présentes au quotidien.

Les syndicats d'industrie organisés de manière polaire autour des ouvriers professionnels (responsables des fédérations, conduisant les délégations des négociations sur les classifications) ont assisté à la chute des O.S. (en recul de 2,4% par an entre 1982 et 1990), ainsi qu'à la baisse du nombre des ouvriers qualifiés (en recul de 0,3% par an sur la même période). Si les ouvriers sont encore la principale catégorie de la population active occupée (soit 6,5 M en 1990), il ne reste plus que 1,7 M d'ouvriers non qualifiés industriels, et 1,5 M d'ouvriers qualifiés industriels. L'éclatement et la recomposition de l'organisation du travail ouvrier ont suscité de nouvelles formes de participation à la base. Et ils ont atteint aussi un ressort revendicatif sur lequel s'appuyait le mouvement syndical, celui des conditions de travail.

Les syndicats pouvaient gérer les revendications de deux catégories ouvrières identifiables et compartimentées par l'organisation taylorienne. Ils pouvaient proposer un modèle visant à tirer les conditions de travail des ouvriers non qualifiés vers les conditions plus favorables des ouvriers qualifiés dans le cadre d'une organisation du travail de production coupée de celle des techniciens et des employés. Les syndicats ont pu ainsi conduire pendant des décennies un ensemble d'actions graduées et fortement polarisées sur le thème des conditions de travail (actions contre les cadences, pour l'aménagement de temps de pause, pour la diminution des temps de travail en équipes de nuit; mouvements contre les normes de contrôle; pour la reconnaissance des savoir-faire). Certaines de ces actions pouvaient aussi impliquer une identité ouvrière affirmée contre les "cols blancs" des services de la préparation du travail. Les syndicats ont actuellement des difficultés à construire de nouvelles revendications à caractère global en matière de conditions de travail. Car ils se heurtent aux recompositions du travail de production. Celles-ci sont marquées par un développement des réseaux de communication entre des catégories professionnelles dont les activités sont de moins en moins étanches (ouvriers, techniciens, employés). Les syndicats ont aussi une position ambiguë par rapport aux nouvelles formes de participation directe et, plus largement, à l'égard des nouveaux modes de gestion. Ces derniers contribuent à la fois à réduire l'importance numérique des ouvriers, à revaloriser les contenus de leur travail tout en leur imposant de nouvelles contraintes de productivité et de flexibilité. L'approche syndicale des conditions de travail évolue; elle est de plus en plus associée aux thèmes de l'emploi (licenciements massifs, précarité des contrats de travail). C'est pour ces raisons que la C.F.D.T. a pris l'initiative en 1995 de lancer une enquête auprès de ses militants sur l'organisation du travail et les conditions de travail. Elle soulève plusieurs questions sur la diversification des situations et des contrats de travail, sur l'évolution des temps de travail, mais aussi sur l'impact des nouvelles technologies.

Un autre fait marquant sur le syndicalisme est la tertiairisation des activités. Elle recouvre à la fois l'importance croissante des informations dans le travail de production, une augmentation de la part des catégories tertiaires dans l'ensemble de la population active (employés, professions intermédiaires et cadres administratifs et commerciaux), et une montée des effectifs employés dans le secteur tertiaire. Cette dernière est l'occasion d'un transfert d'une partie des ouvriers et techniciens de l'industrie vers les services. Dès la fin des années quatre-vingt le secteur tertiaire employait la majorité des techniciens d'études (85%), des informaticiens (62%). Il employait aussi plus de 40% des ouvriers qualifiés (électriciens, électroniciens, maintenance). Si les activités de service ont aussi été atteintes par des mutations technologiques, organisationnelles marquant les qualifications, elles présentent par rapport au noyau des activités de production des spécificités qui accentuent les difficultés d'une organisation syndicale des salariés. La structure du syndicalisme déjà lourde et complexe dans l'industrie (de la fédération de branche à la section d'entreprise ou d'établissement), l'est sans doute davantage pour nombre d'activités tertiaires plus hétérogènes et dispersées (services domestiques, petits établissements de la distribution et du commerce, de l'hôtellerie et la restauration). Des secteurs dans lesquels existent de grands établissements comme la Fonction publique, les télécommunications, la santé ou les banques permettent davantage ce type de structure syndicale. Ces secteurs sont aussi ceux qui disposent des grilles de classification les plus élaborées. Dans d'autres secteurs elles sont restées plus frustes. De nombreuses activités tertiaires sont caractérisées par l'absence ou le caractère restreint des modèles collectifs d'identité professionnelle sur lesquels peut s'appuyer l'organisation syndicale. Ainsi de nombreux services aux particuliers n'ont pas permis l'émergence de modèles d'organisation syndicale comparables à ceux des métiers ou des professions ouvrières, malgré certains particularismes des activités. Les raisons en sont complexes; elles sont autant liées aux conditions de travail qu'à certains traits d'identification des salariés à l'employeur ou à la clientèle. Le tertiaire a aussi été marqué plus tôt que l'industrie par une forte hétérogénéité sectorielle des statuts des personnels. Cette hétérogénéité est d'abord liée à des différences de réglementation des activités, notamment en fonction de la proximité ou de la distance des fonctions de l'Etat. Elle découle aussi de modes de gestion plus individualisée et plus arbitraire en rapport avec l'importance des relations à la clientèle. Tenant compte de tous ces éléments, la C.F.D.T. a tenté, dans les années soixante-dix, de moduler le modèle des fédérations sectorielles de services pour regrouper les salariés du tertiaire. Elle a notamment cherché à constituer des "unions interprofessionnelles de base" au niveau des pôles de concentration d'activité urbains (quartier de la Défense). Ce fut un échec, du fait de l'hétérogénéité catégorielle et statutaire des salariés tertiaires.

L'hétérogénéité entre les activités industrielles et les activités tertiaires a été réduite par les mutations de l'organisation du travail et certains transferts de qualifications d'un secteur à l'autre. L'avance historique de l'organisation syndicale des salariés de l'industrie a aussi été diminuée en fonction d'une extension de la précarisation des contrats de travail dans l'industrie. C'est pourquoi on assiste à un alignement et à un resserrement des structures d'organisation et des modes d'action syndicaux sur les entreprises ou les secteurs à statut (Fonction publique, entreprises du secteur industriel nationalisé, transports, télécommunications, banques ou assurances). Ce mouvement est surtout observable à travers l'importance des taux de participation aux élections professionnelles. Il recouvre aussi, dans un contexte général de désyndicalisation, un redéploiement et leur part croissante dans les effectifs syndiqués. Enfin, il est aussi l'amorce d'un rapprochement entre deux modèles d'action syndicaux longtemps étanches: un modèle industriel à dominante masculine et centré sur la situation des ouvriers, un modèle moins strictement catégoriel concernant une majorité d'emplois féminins.

L'institution par l'Etat en 1982 des groupes d'expression dans les entreprises, ainsi que les négociations engagées pour leur mise en place (dans les entreprises de deux cent salariés et plus), suivent les évolutions du management. Elles instaurent la possibilité pour chaque salarié de s'exprimer, en dehors des structures hiérarchiques, sur plusieurs composantes de l'organisation et des conditions de travail. Distinguées aussi par le législateur de toutes les autres structures de représentation du personnel, elles atteignent indirectement le rôle des représentants syndicaux dans l'entreprise. Le C.N.P.F.

encourageait les formules du management participatif; mais était hostile à leur légalisation sous la forme des groupes d'expression. Les syndicats adoptaient des positions différentes sur la création de ces groupes. La C.F.D.T. y voyait un moyen de responsabiliser les salariés, ainsi qu'une amorce de "conseil d'atelier". F.O., et dans une moindre mesure la C.G.T., y étaient hostiles à cause des risques de récupération par l'employeur et surtout des risques d'affaiblissement des fonctions de représentation syndicale.

Les recherches conduites sur le fonctionnement de ces groupes dans l'industrie automobile et la sidérurgie montrent qu'ils rassemblent en moyenne une vingtaine de personnes chacun. Elles tendent à souligner l'importance de l'enjeu qu'est leur animation, marquée par des tensions entre les salariés et leur encadrement. Ces tensions ont été présentes dès le stade de la mise en place négociée de ces groupes dans chaque entreprise. Les employeurs souhaitaient imposer un cadre comme animateur. Et les syndicats exigeaient que ce soit un salarié élu. En fait la préparation des séances est restée dans les mains de l'encadrement; ce dernier étant chargé de recueillir les questions écrites. Les recherches montrent, surtout, de nouvelles formes de participation des ouvriers et des techniciens aux évolutions de l'organisation du travail à travers des projets diversifiés. Si certains groupes d'expression restent cantonnés sur les problèmes de conditions de travail, d'autres groupes abordent des questions plus managériales comme la coordination des activités d'un ou de plusieurs services, ou les critères d'évaluation des activités. Des réflexions peuvent être conduites par certains groupes d'expression sur les critères d'appréciation de la productivité. Lorsqu'elles sont articulées avec des interventions d'expertise des comités d'entreprise, elles contribuent à instaurer de nouvelles formes d'organisation plus coopératives.

Les syndicats, en situation d'observateurs critiques, sont conduits à en tirer des conséquences. Certaines de ces expériences contribuent à redéfinir ou redistribuer les activités et les savoirs de production; elles battent en brèche des modèles de classifications encore étanches entre des catégories comme les ouvriers et les techniciens. Les délégués syndicaux sont conduits à remettre en question le caractère exclusif de la délégation sur laquelle ils légitiment leur mandat. Ils acceptent de consulter des experts, en s'appuyant notamment dans les entreprises d'au moins 300 salariés sur les possibilités de recours des comités d'entreprise instituées par la loi du 29 octobre 1982. Certains de ces experts appartiennent à des cabinets de consultants spécialisés sur les interventions auprès des comités d'entreprise et sont liés à une organisation syndicale. En ce qui concerne les critères de gestion débattus au sein de certains groupes d'expression, les délégués syndicaux se situent moins au niveau des méthodes, qu'à celui des principes généraux. Ils en contestent surtout les fondements et le terme (rentabilité à court terme), pour dénoncer une volonté patronale de se soumettre ou de s'aligner exclusivement sur les contraintes du marché. Les confédérations syndicales ont aussi intégré directement dans leur organigramme des fonctions d'expertise. Mais ces dernières participent surtout à la préparation des actions revendicatives et des négociations nationales. Elles n'interviennent à l'échelle d'une entreprise qu'à l'occasion des remises en cause du niveau de l'emploi ou des plans de licenciement. C'est surtout à cette occasion que les syndicats d'entreprise abordent la question des critères du management.

La syndicalisation des cadres et des techniciens.

Deux catégories se détachent par le rythme de leur croissance et la nature de leur rôle dans l'organisation du travail. Ce sont les cadres et les techniciens. Distincts et proches à la fois, ils véhiculent des représentations qui posent problème au syndicalisme. Les cadres d'entreprise, qui nous intéressent ici, représentent 1,3 M de personnes en 1990, soit la moitié de l'ensemble des "professions intellectuelles supérieures" défini par la nomenclature P.C.S.. Ces dernières incluent aussi les professions libérales et les cadres de la fonction publique. Les cadres forment un groupe spécifique de salariés par leur classification, leur mode de participation aux élections professionnelles (collège à part), par leur mode de cotisation pour la retraite (caisses de retraites spéciales). Ils conservent cette spécificité au nom d'une autorité déléguée par le chef d'entreprise dans l'exercice de leurs fonctions. Elle est liée aussi à la reconnaissance d'un niveau de formation ou de compétence supérieur à celui des autres salariés. Les fonctions de cadres sont toutefois hétérogènes. Les cadres les plus nombreux sont chargés de fonctions administratives, de fonctions de gestion ou commerciales; les autres exercent des fonctions techniques ou technico-commerciales. Ce sont les cadres technico-commerciaux qui ont eu la plus forte expansion; ils ont triplé entre 1982 et 1990. Mais les cadres sont tous des acteurs et des animateurs des changements de l'organisation du travail, même s'ils n'ont pas tous des emplois d'autorité ou hiérarchiques. Et en pesant sur les conditions de travail des autres, ils changent aussi les leurs. Ils assument dans leur travail trois dimensions d'activité (technique, matérielle et humaine) impliquant, à des degrés divers, des responsabilités de gestion et d'organisation. Les cadres sont souvent en situation de définir les objectifs, les moyens, les procédures de travail; ils évaluent aussi le travail d'autres salariés. Et ils restent aussi plus sensibilisés que les autres salariés aux dimensions économiques de l'entreprise. Ils disposent d'un plus grand nombre d'informations et entretiennent davantage de relations avec l'environnement de l'entreprise dans l'exercice de leurs fonctions. Ils sont aussi plus sensibilisés que les autres salariés à l'analyse des marchés et à l'économie de marché.

Les cadres sont un enjeu pour les syndicats, parce qu'ils sont salariés, parce qu'ils sont un rouage important de l'organisation du travail, mais aussi parce qu'ils collaborent plus directement avec les patrons. Les cadres ont été et restent une catégorie de salariés dont la syndicalisation est en retrait sur celle des ouvriers. Leur adhésion aux structures syndicales est plus récente. [21] Ils participent néanmoins aux élections professionnelles. Mais ils s'abstiennent plus que les autres salariés. Ils votent en premier pour la Confédération générale des cadres (C.G.C.) ou des listes non syndicales. Ils peuvent aussi participer minoritairement à certains conflits dans les entreprises. Ce sont essentiellement des conflits sur l'emploi, à condition que l'existence de l'entreprise soit remise en question ou qu'elle procède à des suppressions massives d'emploi. Les cadres ont aussi des aspirations qu'ils expriment à travers des revendications spécifiques correspondant à trois degrés de conscience (individuelle, catégorielle ou collective). Les cadres sont attachés à un modèle de compétition individuelle dans le travail pour progresser et faire carrière; carrière qu'ils cherchent à négocier directement avec leurs supérieurs hiérarchiques. Les cadres peuvent aussi avoir un sentiment d'appartenance catégorielle par rapport à leur technicité, leur fonction, leur formation (associations d'anciens élèves). Et sur certains problèmes, ils peuvent avoir une conscience collective et rejoindre les préoccupations des autres salariés. Cette dernière diminue avec leur appartenance à l'état-major d'une entreprise. En règle générale le salaire est perçu comme relevant d'une négociation individuelle. Parmi les problèmes catégoriels, la formation a émergé dans les années soixante avec les premières mutations; soit pour pouvoir changer de fonction, soit pour pouvoir quitter l'entreprise. Le problème le plus collectif, c'est la sécurité de l'emploi, lorsqu'elle est menacée. Deux modèles idéologiques d'organisation syndicale sont proposés aux

---

[21] C'est en 1937 que se sont constituées les deux premières organisations syndicales de cadres par un regroupement d'amicales et d'associations; l'une était la Confédération générale des cadres de l'économie, regroupant des cadres et des agents de maîtrise de l'industrie; l'autre étant une fédération syndicale d'ingénieur au sein de la C.F.T.C..

cadres. Le premier, défendu par la C.G.C., syndicat visant à rassembler l'ensemble des catégories d'encadrement de tous niveaux (cadres supérieurs, agents de maîtrise, et techniciens par assimilation) [22], est essentiellement catégoriel. Il soutient un mode de collaboration privilégié entre les cadres et l'employeur, sans remettre en cause le pouvoir de ce dernier, mais en revendiquant davantage de participation aux décisions pour les cadres. Cette collaboration est associée à une représentation de la direction des entreprises correspondant à une "monarchie constitutionnelle". Le second modèle est assumé par les autres centrales syndicales; ces dernières regroupant les cadres avec les techniciens et les agents de maîtrise dans des organisations spécifiques intégrées à la fois à chaque fédération sectorielle et à une union nationale. Il est, à des degrés divers, plus collectif, tout en ménageant des espaces catégoriels pour les cadres. Il propose d'associer les cadres et les autres salariés pour imposer aux employeurs un mode de fonctionnement des entreprises plus coopératif. Ce projet a notamment été affiché par la C.G.T. ou la C.F.D.T. sous des formes plus ou moins radicales selon les périodes. Il vise à la fois une transformation du pouvoir patronal et une transformation du système économique.

Aux marges des cadres, on trouve la catégorie des techniciens. Les techniciens représentaient 700 000 personnes en 1990; leur progression a été la plus forte entre 1962 et 1982 (soit 4% par an); elle s'est ralentie depuis (autour de 1% par an). A partir des années soixante, les techniciens rejoignent les syndicats de cadres. Ils valorisent l'action collective non seulement pour la sécurité de l'emploi, mais aussi pour les salaires et la formation professionnelle. Et ils participent plus souvent que les cadres à des conflits et à des grèves. Ils privilégient moins

---

[22] La C.G.C. a été fondée en octobre 1944. Elle regroupe alors une partie des cadres, des agents de maîtrise et l'ensemble des voyageurs de commerce (V.R.P.). Elle obtient la représentativité nationale. En 1981, elle prend le sigle de Confédération française de l'encadrement C.G.C. (C.F.E.-C.G.C.).

un modèle de syndicalisme catégoriel. Ils réagissent dans les années soixante-dix aux mutations de l'organisation du travail entraînant la suppression de nombreux emplois dans les bureaux d'études et les services de méthodes. Cela ne va pas sans certaines contradictions avec les mouvements ouvriers qui luttent contre la parcellisation du travail. La formation professionnelle continue représente aux yeux des techniciens un enjeu important. Elle est perçue par les techniciens comme un moyen de développer leur compétence technique, et surtout d'acquérir une culture économique et sociale, nécessaire avec les mutations. Cette culture est aussi appréciée par les techniciens comme une condition nécessaire pour accéder à la catégorie des cadres. Les techniciens, dont le niveau de formation initiale s'élève, côtoyant les cadres dans leur fonctions, participant à une organisation de la production où la gestion est fortement valorisée, remettent en question leur perception du syndicalisme.

A travers plusieurs enquêtes, les techniciens expriment des attitudes contradictoires d'adhésion et de retrait à l'égard des syndicats. Ils reconnaissent une utilité de l'organisation syndicale pour défendre la qualification, les moyens de son entretien, et lutter contre les risques de suppressions d'emplois. En même temps, parce qu'ils sont intégrés et professionnalisés dans de nouveaux schémas de production plus complexes et mouvants, ils constatent certains mouvements de résistance de la part des syndicats face au changement. Et ils peuvent s'opposer à ces derniers et les considérer comme étant animés par des projets trop strictement défensifs ou "ouvriéristes". Ils sont "professionnalisés" par un attachement et une valorisation des nouvelles technologies, un sentiment d'adhésion à une organisation du travail plus complexe. Ils sont sensibilisés aux normes de qualité, ainsi qu'à une partie des normes de gestion ou des normes de productivité et de coûts. "Tout cela ne regarde pas les syndicats". Ils s'opposent avec des ouvriers, à l'occasion des lancements de fabrication de plus en plus fréquents, qu'ils considèrent comme "résistants au changement, et manipulés par les syndicats". Mais leur adhésion aux nouveaux modes de production a des limites lorsque ces derniers impliquent une intensification du travail ou des suppressions d'emplois. Les modèles de professionnalisation technique des techniciens peuvent impliquer aussi de leur part un refus de la rentabilité pour la rentabilité. Un autre trait permanent chez les techniciens est celui des aspirations à réduire les coupures entre leurs classifications et celles des cadres. Elles peuvent être prises en charge par les revendications syndicales de filières de promotion moins segmentées. Cette question préoccupe aussi une partie des employeurs. Ainsi, en octobre 1992, une association nationale d'employeurs, Entreprise et Progrès, a posé la question du caractère étanche de la distinction entre cadres et non-cadres. Ces interrogations étaient en partie soulevées par l'afflux des techniciens diplômés et par les difficultés de leur garantir une carrière incluant leur passage dans la catégorie des cadres. Plus largement, elles intervenaient dans une stratégie de flexibilisation globale de la gestion de la main-d'oeuvre; soit tout un ensemble de questions autour des rapports entre qualifications et classifications dans les mutations de l'organisation du travail, débouchant aussi sur des problèmes de contrat de travail et de niveau de l'emploi.

Bibliographie.

Bercot R., et alii (1988), Ouvriers qualifiés, maîtrise et techniciens de production dans les industries en cours d'automatisation, C.E.R.E.Q., Collection des études n°43, volume I, octobre.

Centre d'études et de recherches sur les qualifications (1976), L'organisation du travail et ses formes nouvelles, Bibliothèque du C.E.R.E.Q., volume n°10, La Documentation française.

C.F.D.T. (1977), Les dégâts du progrès; les travailleurs face au changement technique, Seuil.

C.F.D.T. (1980), Le tertiaire éclaté; le travail sans modèle, Seuil.

Delamotte Y. (1972), Recherches en vue d'une organisation plus humaine du travail industriel, La Documentation française.
Descostes M., Robert J.L., sous la direction (1984), Clefs pour une histoire du syndicalisme cadre, les Editions ouvrières.
Entreprise et Progrès (1992), Cadre-non cadre, une frontière dépassée, octobre.
Formation Emploi (1987), Les techniciens dans l'industrie, n°20, octobre-décembre.
Groux G. (1983), Les cadres, La Découverte.
Guillon R. (1983), Rôles et savoirs spécifiques des cadres? Une analyse des contenus d'emploi de gestion, Formation Emploi n°3, juillet-septembre.
Linhart D., Perriault J. (1992), le travail en puces, P.U.F..
Lojkine J. (1986), La classe ouvrière en mutations, Editions sociales.
Lojkine J. (1992), Les jeunes diplômés; un groupe social en quête d'identité, Sociologie d'aujourd'hui, P.U.F..
Mallet S. (1963), La nouvelle classe ouvrière, Seuil.
Martin D. (1994), Démocratie industrielle; la participation directe dans les entreprises, P.U.F..
Naville P. (1963), Vers l'automatisme social?, problèmes du travail et de l'automation, Gallimard.
Sociologie du travail (1968), Les cadres dans l'entreprise et dans le mouvement syndical, n°3, juillet-septembre.
Sociologie du travail (1974), Conditions de travail, Le taylorisme en question, n°4, octobre-décembre.
Sociologie du travail (1976), Les nouvelles formes d'organisation du travail, n°1, janvier-mars.
Sociologie du travail (1993), Systèmes productifs: les modèles en question, dossier-débat, n°1, janvier-mars.
Tixier P.E. (1986), Management participatif et syndicalisme, Sociologie du travail, n°3, juillet-septembre.
Verdier E. (1985), La bureautique, Repères, La Découverte.

Zarifian P. (1983), Le développement de la dimension gestionnaire de la qualification ouvrière: portée et contradictions, Recherches économiques et sociales, n°8.
Zarifian P. (1995), Le travail et l'événement; essai sociologique sur le travail industriel à l'époque actuelle, Dynamiques d'entreprises, L'Harmattan.

CHAPITRE III

LES CHANTIERS DE L'EMPLOI.

L'emploi désigne des formes particulières d'organisation des unités de travail, mais aussi les conditions d'accès et de sortie de ces unités. Ces conditions sont réglementées. Et les règles contribuent à réguler les flux d'entrée et de sortie de l'emploi, soit globalement le niveau de l'emploi. La réglementation et la régulation sont définies et appliquées d'abord par les employeurs et l'Etat, mais aussi par leurs relations avec les syndicats; relations de négociation collective ou de consultation. Seules les relations de négociation permettent aux syndicats de peser sur la réglementation et la régulation de l'emploi. Avec l'accélération des mutations économiques, techniques et organisationnelles des années soixante, la "garantie de l'emploi" est devenue une revendication majeure des syndicats, et, l'emploi, un objet spécifique de négociation au niveau interprofessionnel ou des branches. Avec la montée du chômage massif, à partir des années soixante-dix, on assiste à une diversification des thèmes sur l'emploi, à une importance croissante des aspects de gestion du chômage, ainsi qu'à une diversification des niveaux et des formes de relations autour de l'emploi (de l'entreprise au niveau interprofessionnel). Et l'on observe un resserrement des liens entre les employeurs et l'Etat pour rendre plus flexible la main d'oeuvre et réduire les coûts du travail. L'Etat est aussi en situation de réglementer unilatéralement l'emploi. Les problèmes d'emploi ont aussi contribué à multiplier les instances, les fonctions de représentation syndicale; d'où des problèmes de coordination, d'articulation pour l'action syndicale.

Après un rappel de l'évolution générale des institutions et des négociations, on privilégiera différents thèmes autour du chômage. On abordera ensuite la question du licenciement et de sa réglementation, ainsi que l'évolution des formes de contrat de travail dont certaines intègrent au départ les risques de se retrouver sans emploi. Nous terminerons par une réflexion sur certains axes de l'action syndicale en matière de défense de l'emploi.

Un ensemble d'institutions et de négociations spécifiques.

Les conditions d'une négociation spécifique sur l'emploi sont préparées par l'action de l'Etat à partir des années soixante. Face au déclin des mines de charbon ou de fer, pour assumer le coût social des fermetures ainsi que les problèmes de reconversion et de mobilité de la main-d'oeuvre, l'Etat crée en décembre 1963 le Fonds national de l'emploi (F.N.E.). Ce dernier propose aux entreprises des conventions afin de verser différentes primes ou allocations de mobilité et de conversion aux salariés touchés, garantir le niveau de salaire, ainsi qu'une mesure particulière pour les salariés âgés de soixante ans et plus, la préretraite, correspondant à une allocation couvrant 90% du salaire brut sur la base de quarante heures de travail. Cette allocation est dégressive jusqu'à l'âge normal de la retraite (65 ans). Lors de la modernisation technologique de la sidérurgie, l'Etat signe aussi une convention avec la sidérurgie lorraine le 30 juin 1967. Elle applique l'arsenal des mesures du F.N.E.. Fin 1967, le chômage touche autour de 400 000 personnes; il a doublé depuis le début des années soixante. C'est la conséquence des suppressions d'emplois dans plusieurs secteurs menacés par la concurrence internationale (chantiers navals, textiles), mais aussi des fusions-concentrations d'entreprises dans des secteurs plus modernes comme la chimie et l'électronique. En juillet 1967 le gouvernement publie des ordonnances sur l'emploi créant l'Agence nationale pour l'emploi (A.N.P.E.), étendant les mesures d'aides à la reconversion des salariés, et généralisant les indemnités de licenciement. Le gouvernement incite aussi les partenaires sociaux à engager des négociations de branches pour mettre en place des commissions paritaires de l'emploi et traiter en priorité des délais d'information en cas de licenciement collectif. Une négociation interprofessionnelle est conclue, le 22 février 1968, par un accord sur l'indemnisation du chômage partiel, prise en charge par le F.N.E.. Lors des événements de mai 1968, le protocole d'accord de Grenelle du 27 mai aborde une série de questions autour de l'emploi (mesures de reclassement, commissions paritaires de branches, moyens de formation). Les partenaires sociaux signent un accord interprofessionnel sur la sécurité de l'emploi le 10 février 1969. Cet accord définit les missions des commissions paritaires de l'emploi au niveau des branches (bilan sur la situation de l'emploi et sur les moyens de formation); et il pose différents principes en matière de mesures de prévention et d'accompagnement des licenciements collectifs dans les entreprises, dont le principe d'un droit de regard syndical sur la gestion de l'emploi dans l'entreprise. La métallurgie est la première à signer un accord le 30 septembre 1969 et à mettre en place une commission paritaire de l'emploi. Les négociations interprofessionnelles et de branches aborderont par la suite plus spécifiquement les questions de la formation et du perfectionnement.

Dans les années soixante-dix, le premier choc pétrolier et ses effets, les à-coups de la croissance vont toucher les secteurs industriels et déclencher plusieurs vagues de restructuration. Le niveau de l'emploi industriel baisse, surtout dans l'énergie traditionnelle, les biens intermédiaires et les biens de consommation. Et le chômage passe de 2% de la population active à 7% en 1981, soit 1,6 M chômeurs. Les années soixante-dix inaugurent une série d'accords interprofessionnels sur plusieurs aspects du traitement social du chômage: garanties de ressources ou allocations spéciales pour les chômeurs les plus âgés (entre 50 et 65 ans), pour les salariés touchés par un licenciement économique (allocations d'attente), et en matière de chômage partiel. Un autre phénomène marquant ces années est le développement du travail temporaire; d'abord sous la forme du travail intérimaire réglementé en 1972 (et qui passe de 1% des emplois en 1971 à 2,5% des emplois en 1977), et ensuite sous l'aspect des contrats à durée déterminée réglementés en janvier 1979. Les clauses spécifiques sur ces formes de contrats sont négociées aussi au niveau des branches.

Les années quatre-vingt sont marquées par une extension du chômage, et sa "stabilisation" autour de 10% de la population active (soit 2,5 M de chômeurs). Les mouvements de mutations et les reculs de l'emploi dans l'industrie se poursuivent (entre 100 000 et 150 000 emplois en moins par an selon les années). L'emploi progresse dans le secteur tertiaire au rythme de 180 000 à 200 000 emplois en plus par an. Le travail précaire se développe et se diversifie à partir de 1984-1985, notamment avec les mesures prises par les gouvernements pour l'insertion des jeunes. Toutes formes de travail regroupées, il représente 15% des emplois à la fin des années quatre-vingt. La réglementation de l'Etat précède les négociations dont les thèmes se diversifient. L'Etat se réserve le premier rôle sur le travail temporaire (dès 1982), sur le chômage partiel (en 1984), et sur les licenciements (en 1986). Il intervient aussi directement dans les négociations sur l'indemnisation du chômage par l'instauration d'un nouveau régime d'indemnisation (en 1984). Et il incite les partenaires sociaux à négocier sur le temps de travail après avoir fixé unilatéralement la durée hebdomadaire du travail à 39 heures en 1982.

Le début des années quatre-vingt-dix enregistre un fléchissement de la croissance, une poursuite de la diminution des effectifs de l'industrie, ainsi qu'une moindre création d'emploi dans le tertiaire. De nouveaux secteurs industriels de haute technologie sont atteints, comme l'aéronautique et l'électronique. Ils cumulent les effets des progrès technologiques et des gains de productivité avec une baisse des marchés. Le processus de création d'emploi se ralentit dans des secteurs comme la grande distribution; et même des secteurs comme les banques se mettent à supprimer des emplois. Aussi le chômage passe la barre des

10% pour atteindre en février 1993 le chiffre symbolique des 3 M de chômeurs. Le nombre des chômeurs de longue durée (un an et plus) est aussi croissant; soit 900 000 personnes en 1990, et 1,1 M de personnes en 1993. L'Etat s'est attaqué plus spécifiquement au chômage de longue durée à partir de la fin de l'année 1989. Il a crée notamment des contrats de durée déterminée ou indéterminée exonérés des charges sociales (pour la partie équivalente du S.M.I.C.), les contrats de retour à l'emploi (C.R.E.); ils seront remplacés par le contrat initiative emploi (C.I.E.) en 1995. Ces contrats drainent un tiers seulement des chômeurs de longue durée.

La gestion du personnel des entreprises se durcit avec une multiplication des "plans sociaux"; d'où certaines interventions de l'Etat pour en atténuer les effets. Les menaces sur l'emploi contribuent à relancer dans nombre d'entreprises des négociations en matière d'aménagement du temps de travail. Ces dernières intègrent des marges de réduction du temps de travail diversement compensées (salaire, temps libre, embauche). Les syndicats, en situation contrainte, doivent assumer un nombre croissant de questions d'emploi liées aux politiques des employeurs et à celles de l'Etat. Pour contrer les premières, ils exigent l'intervention de l'Etat, tout en restant attachés au maintien de certains espaces de négociation et de gestion paritaire avec les employeurs. Ils réclament une inflexion de la politique d'emploi de l'Etat tout en dénonçant les effets pervers de plusieurs mesures. Une multiplication des niveaux de représentation et de relations des syndicats avec les employeurs ou l'Etat introduit aussi une segmentation des niveaux de négociation ou d'organisation syndicales, des coupures entre les syndicats et la base.

Les problèmes du chômage: évaluation, segmentation, indemnisation; politique passive ou active de l'emploi.

Une question préalable est celle des critères d'évaluation du chômage utilisés dans les enquêtes pour recenser les chômeurs. Jusqu'en 1994, les statistiques françaises du chômage divergeaient selon qu'elles se référaient aux critères du Bureau international du travail (B.I.T.) ou à ceux des demandeurs d'emploi inscrits à l'A.N.P.E.. Selon le B.I.T. est considérée comme chômeur, toute personne en âge de travailler qui, au cours de la période de référence (la semaine de l'enquête), répond à trois critères:
- être sans emploi sans avoir travaillé dans la période de référence (serait-ce qu'une ou quelques heures);
- être "immédiatement disponible" pour travailler (soit un délai maximal de 15 jours);
- être à la recherche effective d'un emploi (justifiée par une démarche).

L'A.N.P.E., moins restrictive sur le fait qu'un demandeur inscrit puisse travailler quelques heures, distinguait trois catégories de demandeurs d'emploi en fonction de la nature de l'emploi recherché. Et elle privilégiait dans sa comptabilité ceux qui recherchent un emploi à durée indéterminée et à temps plein par rapport aux personnes à la recherche d'un emploi à temps partiel ou d'un emploi temporaire assimilé à un emploi saisonnier. D'où certains écarts de chiffres (3 M de chômeurs pour le B.I.T. contre 3,5 M pour l'A.N.P.E. fin 1993). Les contestations syndicales des chiffres du chômage, très vives au début des années soixante-dix, ont été réduites avec la montée du chômage, pour porter davantage sur la non prise en compte des personnes touchant le "revenu minimum d'insertion" (institué en décembre 1988) ou d'une partie des bénéficiaires des mesures pour l'insertion des jeunes et des chômeurs de longue durée. Mais elles ont été relancées à deux occasions. D'abord, fin 1993, avec une décision gouvernementale de retirer des demandeurs d'emploi les personnes âgées de plus de 55 ans parce que dispensées d'une recherche d'emploi, et, ensuite, en juillet 1994, contre un arrêté du Conseil d'état validant une nouvelle comptabilité des chômeurs engagée par l'Etat pour s'aligner sur celle du B.I.T.. Si les chiffres intégraient tous les demandeurs d'un emploi à durée déterminée ou à temps partiel, ils excluaient les chômeurs indemnisés ayant travaillé plus de 78 heures dans le mois précédent; ces derniers n'étant plus considérés comme "immédiatement disponibles". Cette nouvelle comptabilité se soldait par une baisse du chômage, soit 11,3% de chômeurs fin 1994 contre 12,6% suivant les critères antérieurs.

Plusieurs caractéristiques des taux ou de la durée du chômage contribuent à segmenter la population des chômeurs. Elles marquent des spécificités dont doivent tenir compte les syndicats. Ainsi le chômage des femmes est toujours plus élevé que celui des hommes, quelque soit l'âge ou la qualification. Les femmes constituent aussi la majorité des chômeurs de longue durée (56% en 1993). Le chômage des actifs âgés de moins de 25 ans est deux fois plus élevé que celui de l'ensemble de la population active. Et plusieurs trains de mesures spécifiques d'aide à l'emploi des jeunes ne réussissent pas renverser cette tendance (soit un taux de chômage des jeunes de 22% contre un taux de chômage de 11% sur l'ensemble de la population active en 1992). Les jeunes au chômage ainsi que les chômeurs âgés de 50 ans et plus sont moins concernés par les reprises d'activité ou les embauches. La part des reprises d'emploi dans les sorties de l'A.N.P.E. est en recul constant (soit 68% des sorties en 1980, 40% seulement en 1992). Chaque année un tiers des chômeurs de longue durée retrouvent un emploi sur contrat à durée indéterminée ou à durée déterminée. Ce sont des contrats crées par l'Etat en décembre 1989, et proposés aux entreprises ou aux associations contre des primes et des exonérations de charges sociales:

- contrats emploi-solidarité (C.E.S.) dans les associations, les collectivités territoriales, et l'administration;

- contrats de retour à l'emploi (C.R.E.) dans les entreprises, remplacés par les contrats initiative-emploi (C.I.E.) en 1995.

L'importance du chômage suit aussi la hiérarchie des classifications. Il est moins élevé pour les cadres que pour les ouvriers, même si les écarts se réduisent par la montée massive du chômage (soit respectivement des taux de 5% et de 13% en 1992). Les taux de chômage restent les plus élevés pour les ouvriers sans qualification (20% en 1992).

Les chômeurs de toutes catégories sont largement coupés de l'organisation syndicale. Dès les années soixante-dix les confédérations syndicales ont cherché à organiser les chômeurs. Hostiles à des syndicats autonomes, la C.G.T. les regroupe dans un comité national, et la C.F.D.T. dans des comités locaux. Seule une minorité de militants reste syndiquée au chômage. La situation des chômeurs rend encore plus aigus les problèmes de l'organisation syndicale (cotisations, moyens d'action, revendications, identité collective). Un syndicat autonome, lancé au début des années quatre-vingt, se heurte aussi aux mêmes difficultés. C'est pourquoi l'organisation des chômeurs est davantage relayée par le secteur associatif au niveau local. Parmi les associations de chômeurs, on trouve des formes d'associations équivalant à des entreprises aidées par l'Etat (associations intermédiaires ou associations d'insertion), ainsi que des groupes de militants politiques. Elles sont critiquées par les syndicats. Les contacts établis entre les syndicats et les chômeurs se font essentiellement à l'échelle des unions locales. Ces dernières proposent diverses formes d'aides juridiques, parfois en échange d'un montant de cotisation syndicale symbolique.

Dans une telle situation, les problèmes de l'indemnisation revêtent une importance particulière pour les syndicats. Ils font de plus en plus l'objet des interventions de l'Etat, et, de leur aménagement par une négociation centralisée (interprofessionnelle) entre les syndicats et le patronat. Le chômage est couvert par des allocations spécifiques proportionnelles au salaire et dégressives dans le temps depuis l'institution en 1957 par convention d'organismes professionnels ou régionaux, les Associations pour l'emploi dans l'industrie et le commerce (ASSEDIC), fédérées à l'échelle nationale dans l'UNEDIC (en 1958). Le système, financé exclusivement et géré paritairement par les employeurs et les salariés, s'est alourdi et diversifié avec la montée du chômage. En novembre 1982, le C.N.P.F. alerté par le déficit de l'assurance-chômage, dénonce la convention de l'UNEDIC signée en 1958. L'Etat prend des disposition d'urgence pour faire face à la situation, imposant de fait un système tripartite. Une nouvelle négociation entre patronat et syndicats aboutit à un renouvellement de la convention de l'UNEDIC en janvier 1984, non signé par la C.F.D.T. ni la C.G.T.. Et, en février, l'Etat fait accepter par tous les partenaires sociaux l'institution d'un système parallèle dit de solidarité versant des allocations à certaines catégories de chômeurs sans ressources parce que n'ayant jamais cotisé ou en fin de droits. Les dispositions de l'ensemble du système sont définies par une ordonnance du 1er avril 1984.

Le régime d'assurance de l'UNEDIC et des ASSEDIC reste financé et géré paritairement. Il verse trois types d'allocation (deux allocations de base, et une allocation de fin de droit) dont l'importance et la durée varient en fonction de l'âge, du niveau de salaire et de la durée des cotisations. Les anciennes allocations spéciales pour licenciement économique sont supprimées. Et, en juillet 1992, devant la montée du chômage de longue durée, ces trois allocations seront remplacées par une allocation unique et dégressive au terme d'un accord signé par tous les partenaires sociaux, sauf la C.G.T. et F.O.. Les taux de départ de cette allocation ont été révisés à la baisse pour les salaires les plus élevés (supérieurs à 9 300 F par mois). Cette allocation est versée à taux plein pendant une période initiale dont la durée varie avec l'âge et la durée des cotisations (entre 4 et 27 mois). Au delà de cette période, elle devient tous les quatre mois sur une période de durée variable (entre 3 et 33 mois), en fonction des mêmes critères. Cette allocation dégressive ne peut être inférieure à l'ancienne allocation de fin de droit. Ces nouvelles dispositions sont aménagées par une loi du 20 décembre 1992.

Le régime de solidarité décidé en 1984 a survécu. Il est exclusivement financé et géré par l'Etat. Il dispense deux types d'allocations, les allocations d'insertion, et les allocations dites de solidarité. Les premières concernent les femmes sans emploi ayant des enfants à charge. Les secondes visent les chômeurs de longue durée en fin de droits, et certaines catégories de travailleurs intermittents.

Parallèlement à ce double système, les allocations de préretraite versées par le F.N.E. continuent d'assurer un rôle d'amortisseur des difficultés en matière d'indemnisation du chômage. Mais en 1991, 76% des allocations relevaient de l'assurance chômage; et 63% des chômeurs inscrits étaient indemnisés dont la majorité à des taux inférieurs au salaire minimum.

L'Etat opère une comptabilité des mesures pour l'emploi qui permet de distinguer la part respective des mesures en faveur du maintien dans l'emploi, de la formation et de la création d'emploi (ou mesures dites actives), et des mesures d'incitation au retrait de l'emploi et d'indemnisation du chômage (ou mesures dites passives). Leur répartition et leur rapport a fortement évolué depuis les années soixante-dix. D'une situation dans laquelle dominaient largement les premières mesures avec essentiellement des dépenses de formation, on est passé à une domination des secondes, et de plus en plus polarisées sur l'indemnisation du chômage. Certains correctifs en matière de dépenses ont été apportés par l'Etat. Ils ont contribué à relancer les dépenses actives de formation, à contenir la part globale des dépenses passives, mais sans réussir à stopper pour ces dernières la montée de la part d'indemnisation du chômage; malgré une augmentation des contributions patronales et salariales.

Le C.N.P.F. et trois syndicats, la C.F.D.T., F.O. et la C.G.C., ont, de leur côté, signé un accord interprofessionnel en juillet 1995 instituant un fonds paritaire alimenté par l'UNEDIC pour financer une nouvelle formule de mise en préretraite (pour des salariés âgés de 58 ans et ayant cotisé pendant 40 ans) compensée par des embauches. La C.G.T. ne l'a pas signé, parce qu'elle condamnait ce qu'elle estimait être un détournement des fonds de l'UNEDIC. Mais cet accord a été complété par un autre accord en septembre 1995, retenant le principe d'embauches sur contrat à durée indéterminé, avec le maintien du volume d'heures du précédent contrat; il a été signé par la C.G.T..

Le chômage partiel.

Une autre forme de chômage des salariés, spécifique et plus limitée, est celle du chômage partiel. Sa cause est essentiellement liée aux mouvements de la conjoncture économique. C'est pourquoi il concerne surtout l'industrie, et les établissements de production. Il peut être variable d'une année sur l'autre. Mais il est en forte progression depuis les années quatre-vingt-dix; et touche un volant annuel de 2 M de salariés.

Pour éviter de licencier, les employeurs répercutent la baisse des charges de travail sous la forme d'une réduction des horaires, qu'ils répartissent entre les salariés. Il en résulte une diminution des ressources pour les salariés; d'où l'instauration de systèmes de garanties compensatoires proposés par l'Etat et négociés avec les entreprises. Ces systèmes ont été calés depuis 1963 sur les interventions et les conventions du F.N.E.. La définition et les conditions d'indemnisation du chômage partiel ont été précisées par un décret du 3 mai 1984. Ce dernier en définit les motifs et les procédures. Il précise notamment la durée des conventions signées entre l'entreprise et l'Etat (d'une durée de six mois, et renouvelables une seule fois). L'Etat prend à sa charge une partie des indemnités en fonction de la durée du travail (calculée pour la partie des horaires inférieure à 37 heures hebdomadaires). Il établit aussi des modes de consultation préalables des personnels et des syndicats; ces derniers sont de plus en plus liés avec la menace et les procédures de licenciement.

Avec la montée du chômage, et l'entrée en force, dans les années quatre-vingt-dix des problématiques sur l'aménagement du temps de travail, une zone de friction s'est développée entre la notion de chômage partiel et celle de temps partiel. Elle a été instituée par la loi quinquennale sur l'emploi de décembre 1993 à travers la notion de "temps réduit indemnisé de longue durée"; cette dernière concerne des indemnités compensatrices versées par l'Etat, l'U.N.E.D.I.C. et l'entreprise dans le cadre de conventions spécifiques.

Les portes du chômage: une évolution de la réglementation des licenciements, le travail temporaire (intérim et C.D.D.).

Depuis les années quatre-vingt, deux motifs principaux d'inscription à l'A.N.P.E. sont les licenciements, et surtout la fin d'une mission d'intérim ou d'un contrat à durée déterminée (C.D.D.). Le licenciement et le travail temporaire sont pris en charge, à des degrés divers, par la réglementation de l'Etat et la négociation collective. Intérim et C.D.D. ont aussi des implications directes sur l'organisation syndicale.

Pour les licenciements, l'impact de la réglementation de l'Etat domine largement leur négociation. La nature des licenciements et leur réglementation ont évolué par rapport aux dispositions de l'ordonnance du 24 mai 1945 traitant globalement des licenciements individuels et collectifs; ceux-ci étant soumis à une procédure "d'autorisation administrative" du service départemental de la main-d'oeuvre, et à des consultations des représentants des salariés (délégués du personnel ou des C.E.). Après une négociation interprofessionnelle conclue le 21 novembre 1974 sur un avenant à l'accord de février 1969 sur la sécurité de l'emploi, c'est la loi du 5 janvier 1975 qui associe deux notions, celle de "licenciement collectif", et celle de licenciement pour "raison économique" conjoncturelle ou structurelle. Elle en spécifie les procédures (délais et modalités d'information, modes et contenu de consultation). Celles-ci sont plus strictes pour les licenciements à partir de dix personnes concernées, mais aussi en fonction de leur dimension structurelle (délais d'autorisation plus longs, nombre de réunions d'information plus élevé, mesures préventives et plan de reclassement débattus au C.E.). L'une des lois Auroux, celle d'octobre 1982, consacrée au développement des institutions représentatives du personnel, diversifiera la nature et la fréquence des informations communiquées au C.E.: information trimestrielle sur l'évolution des commandes, semestrielle sur le recours au travail précaire, annuelle pour la sous-traitance (La loi quinquennale de 1993 les réduira à une seule information annuelle dans les entreprises de moins de 300 salariés). Et elle institue même un "droit d'alerte" par rapport à toute modification de structure susceptible d'avoir des répercussions sur le niveau de l'emploi. Or les études du Ministère du travail menées en 1985 montraient que 80% des licenciements étaient accordés; les rejets étant justifiés par l'absence de toute mesure d'accompagnement ou un choix sélectif de salariés, ayant notamment des fonctions syndicales. Ces études soulignaient aussi l'importance des contacts informels entre directions et salariés, et certains écarts par rapport aux procédures normales comme le non respect des délais et surtout des embauches précèdent ou suivant un licenciement collectif. A la même époque, les employeurs font campagne pour obtenir la suppression de l'autorisation administrative, estimant nécessaire de pouvoir d'abord se débarrasser des sureffectifs, avant de réembaucher par la suite, sans cette contrainte. Ils obtiennent satisfaction par la loi du 3 juillet 1986, votée par une nouvelle majorité politique d'orientation libérale. La loi supprime aussi la procédure visant à vérifier la nature des motifs économiques du licenciement. Et elle autorise les réembauches dans un délai d'une année. Le gouvernement propose aux partenaires sociaux, sous forme de compensation, de négocier des modalités en matière de conversion. Ces derniers, sans la C.G.T., signent un accord interprofessionnel en octobre 1986 sur des conventions de conversion. La question du licenciement sera reposée en 1989 après le retour d'un gouvernement socialiste. La loi du 2 août 1989 ne revient pas sur l'autorisation administrative, mais elle rétablit un nouveau droit de regard de l'administration sur le caractère économique du licenciement dont l'employeur doit faire la preuve. Elle inscrit un droit à la conversion pour toute personne licenciée, et, à partir de 10 personnes licenciées, la nécessité pour l'employeur d'établir un "plan social" comportant des "mesures de reclassement". Et les conventions de conversion deviennent obligatoires.

Le licenciement, à partir des années quatre-vingt dix, perd son caractère de mesure exceptionnelle de gestion. Aussi l'Assemblée vote une loi, la loi du 27 janvier 1993, qui condamne tout licenciement économique non accompagné d'un plan de reclassement, avec la menace d'une suspension de la procédure par l'administration. En 1993, on recense 650 000 licenciements économiques dont 40% seulement sont couverts par des conventions. Le nombre et l'ampleur des effectifs concernés pose de plus en plus de problèmes aux syndicats et à l'administration pour suivre l'application des mesures de reclassement; ces dernières étant juridiquement des mesures d'aides individuelles. En juin 1994, le nouveau gouvernement libéral adresse une circulaire aux préfets fixant des critères pour surveiller le contenu des plans sociaux (caractère négocié, priorité aux mesures de flexibilité interne, diversité des mesures de reclassement externe). En longue période, on est passé d'un débat sur les droits individuels du salarié menacé de licenciement, à des mesures de prévention puis d'accompagnement des licenciements collectifs avec une montée de la place de la formation.

Les contrats de travail temporaire ont été développés par le recours des entreprises aux intérimaires pour des remplacements ou des tâches occasionnelles. Ils se sont étendus à des fonctions permanentes, d'abord sous la forme d'une rotation d'intérimaires, puis par un recours aux contrats à durée déterminée (C.D.D.); ces derniers étant aussi utilisés par l'Etat ou encouragés par des mesures spécifiques pour l'insertion des demandeurs d'emploi. Les contrats d'intérim et les C.D.D. ont augmenté dans les années quatre-vingt, pour atteindre 10% des emplois en 1990. Et le reflux des embauches, plus marqué depuis la fin des années quatre-vingt, est associé à un recours encore plus systématique aux C.D.D., qui représentent 68% des recrutements en 1992. Cette montée en force de l'intérim et des C.D.D. correspond aux stratégies de flexibilisation de l'usage de la main-d'oeuvre. Les employeurs tendent à contrôler plus strictement les coûts du travail, à éviter le versement de certaines indemnités de licenciement, ou à transférer une partie de la gestion de main-d'oeuvre sur d'autres, notamment par le jeu de la sous-traitance. Pour les syndicats, ces contrats sont le signe d'une logique de marchandage du travail, et d'un ensemble de pratiques cherchant à précariser la réglementation du travail et à réduire les garanties statutaires. Les syndicats ont été conduits à les négocier pour aménager et corriger leur réglementation; cette dernière ayant été initiée unilatéralement par l'Etat. Si intérim et C.D.D. sont fortement associés, les travailleurs intérimaires sont gérés par un secteur particulier, celui des entreprises de travail temporaire (E.T.T.). Et ils sont aussi plus concentrés sur plusieurs grands secteurs utilisateurs (bâtiment, travaux publics, automobile, aéronautique).

Le premier texte de réglementation du travail temporaire est la loi du 3 janvier 1972 qui définit le statut des E.T.T., les missions et leurs conditions (dressant une liste limitative de motifs à caractère strictement provisoire).

Elle rend obligatoires deux types de contrats: un contrat de travail liant le travailleur temporaire à une E.T.T, et un contrat entre cette E.T.T. et l'entreprise utilisatrice. Et elle précise les droits des intérimaires en matière de rémunération, de congés payés, et de couverture sociale (dont le droit de voter ou d'être éligible aux élections professionnelles en fonction d'un cumul de missions). Dans le sillage de cette loi, plusieurs accords ont été signés dans les principales E.T.T. avec la C.G.T.. Une loi, celle du 3 janvier 1979 introduit la notion de C.D.D.; celui-ci se distingue du contrat à durée indéterminé non pas par la durée plus courte de la période sur laquelle il porte, mais par le caractère négocié et fixé à l'avance entre les parties de la cessation du contrat. Deux ordonnances du 6 février 1982, l'une pour l'intérim, l'autre pour les C.D.D., ajoutent des dispositions en matière d'indemnité et de couverture sociale, de formation et d'hygiène-sécurité dont les modalités doivent être négociées. Et surtout elles reposaient de manière plus restrictive les motifs de recours à ces formes de travail, la durée des missions et le nombre de renouvellements autorisés. Elles sont suivies par deux accords interprofessionnels et plusieurs accords de branches conclus en 1983. Une ordonnance du 11 août 1986 reglobalise les problèmes et assouplit le recours au travail temporaire, en supprimant la liste des motifs de la loi de 1972. Elle suit la loi du 3 juillet 1986 supprimant l'autorisation administrative de licenciement. Un rapport, établi à la demande du gouvernement suivant en 1989, décrit les abus et les dérapages du recours au travail temporaire. Ce rapport montre que les C.D.D. sont plus nombreux que les intérimaires. Les premiers sont largement diffusés dans tous les secteurs. Ils sont aussi plus fréquemment au chômage. Le travail temporaire peut représenter 25% des emplois dans certaines entreprises. Le rapport pointe des cas de recours non justifié, de non paiement des indemnités, de discrimination en matière de salaire entre les C.D.D. et les permanents. Ce rapport débouche sur un projet de loi, et contribue aussi à relancer une négociation interprofessionnelle. Elle est conclue par l'accord du 24 mars 1990 dont les dispositions seront reprises par la loi du 12 juillet 1990. Elles restituent une liste de motifs limitatifs; réduisent la durée des missions (de 24 mois à 18 mois) et le nombre de leur renouvellement (de deux à un seul). Elles révisent à la baisse les délais d'admission pour bénéficier de l'indemnisation du chômage. Elles instaurent des avantages sociaux complémentaires et un droit à la formation financés par les E.T.T., ainsi qu'une prise en charge du coût des accidents du travail partagée par l'E.T.T. et l'entreprise utilisatrice. Elles donnent aussi la possibilité pour les syndicats d'agir en justice au nom du salarié. Certaines de ces mesures, notamment en matière de renouvellement (deux au lieu d'un seul), seront assouplies par la loi sur l'emploi de décembre 1993 (Loi quinquennale). Et le gouvernement encouragera les embauches sur C.D.D. par de nouvelles exonérations de charges.

Le travail temporaire représente, pour les syndicats, un ensemble de questions complexe en matière de principes, de modes d'organisation syndicale, de niveaux de négociation. Pour les syndicats, la défense des travailleurs temporaires, la négociation pour obtenir des garanties statutaires ont des implications. Elles constituent une acceptation de fait des dérogations au contrat de travail à durée indéterminée (C.D.I.), que les syndicats refusent par principe, ainsi qu'une reconnaissance d'un seuil de flexibilité et de précarisation incompressible de la main-d'oeuvre. Avant la montée en puissance du travail temporaire, l'organisation et l'action syndicales concernaient essentiellement les catégories de salariés sur un C.D.I.. Elles ont évolué avec les bouleversements du marché du travail caractérisés par une montée du chômage et un éclatement des statuts. Les syndicats se sont d'abord tournés vers les intérimaires. La rotation des travailleurs intérimaires est un handicap pour les sections syndicales d'entreprise. C'est pourquoi certains syndicats ont hésité entre deux formules: soit les organiser au niveau de chaque

entreprise utilisatrice (donneuse d'ordre), soit les regrouper dans des structures confédérales spécifiques. Ainsi la C.F.D.T. proposait , au début des années quatre-vingt, plusieurs types d'organisation des intérimaires en fonction de la durée et du lieu des missions:
- soit une intégration dans les sections d'entreprise pour une mission de longue durée;
- dans un syndicat de branche pour les missions de plus courte durée dans la même branche,
- dans une structure locale pour des missions dans plusieurs branches successives.

Elle a finalement opté pour des "coordinations interprofessionnelles" correspondant au niveau des négociations. La C.G.T., tout en condamnant ce type de contrat, l'a considéré comme inscrit dans un secteur spécifique, signant des accords dans plusieurs E.T.T.. Elle a aussi constitué des "unions interprofessionnelles". F.O. a toujours rejeté par principe l'existence d'une branche spécifique pour l'intérim et cherché à l'assumer exclusivement au niveau interprofessionnel. Ensuite, les syndicats ont tenté d'intégrer les C.D.D. dans des structures d'organisation et de négociation syndicales. Ils se sont heurtés aussi dans les entreprises au même type de difficultés pour les prendre en charge; d'où leur organisation aussi par des structures interprofessionnelles. Dans l'ensemble la syndicalisation des travailleurs temporaires est sans doute très faible. Toutefois les formes de représentation syndicale dans l'entreprise semblent plus cohérentes chez les intérimaires, notamment au niveau des C.E. des plus grosses E.T.T., que chez les C.D.D.. Les restrictions au renouvellement des C.D.D., la diminution de leur durée (60% des C.D.D. durent moins de 6 mois) rendent plus difficiles leur accès à une fonction de représentation du personnel.

La situation des travailleurs temporaires est aussi largement déterminée par la logique de sous-traitance économique qui crée, autour de chaque entreprise donneuse-d'ordre, une multiplicité de réseaux de sous-traitants dont le niveau des effectifs et la nature des contrats de travail sont de plus en plus aléatoires ou précarisés. Cette logique tend aussi à subordonner la notion de contrat de travail à une logique de contrat commercial. C'est pourquoi les syndicats ont cherché à négocier globalement au niveau interprofessionnel les problèmes du travail temporaire, pour obtenir des accords garantis conjointement par les deux syndicats des E.T.T. (U.N.E.T.T. et P.R.O.M.A.T.T.), le C.N.P.F. et la C.G.P.M.E.. Après avoir été devancés ou encadrés par la loi ou des ordonnances gouvernementales, les accords sont aujourd'hui relayés par la loi.

L'action syndicale sur l'emploi: les formes de la mobilisation collective des salariés, les syndicats et la politique industrielle.

La sécurité de l'emploi est un thème de revendication qui est apparu chez les salariés avec les changements techniques, puis les fusions-concentrations. Une série d'accords interprofessionnels et de branches portent ce nom. Le thème de la sécurité de l'emploi a émergé avec les premiers reculs du plein-emploi, mais dans un contexte de réglementation où dominaient encore les C.D.I.. Il est significatif d'une situation particularisée par des rapports institutionnalisés entre l'Etat et les partenaires sociaux sur l'emploi. Ces rapports restent polarisés sur une réglementation minimale et compensatoire des suppressions d'emploi, et plus massivement des reconversions. Ils reposent encore sur la convergence entre l'action de l'Etat et des négociations interprofessionnelles articulées avec des négociations de branches (cf. l'enchaînement des accords nationaux sur la sécurité de l'emploi). Ensuite, les reculs du plein-emploi se précipitant, la réglementation du contrat de travail a été prise en charge surtout par l'Etat et aménagée par la négociation collective. Les syndicats sont ainsi conduits à se battre sur une multiplicité de fronts; depuis la lutte quotidienne pour l'emploi dans chaque entreprise jusqu'à des négociations plus larges pour aménager ou peser sur la réglementation. Ils cherchent à s'appuyer sur une mobilisation des salariés dont la réalité et les formes varient en fonction de plusieurs facteurs. Ensuite par rapport aux limites d'une action de défense professionnelle de l'emploi, les syndicats s'inscrivent dans des modèles plus larges concernant des niveaux d'intervention politique en matière de politique industrielle.

La mobilisation des salariés est une question complexe dont les formes dépendent de la nature des situations (menaces ou suppressions d'emploi effectives d'ampleur variable, conjoncture). La mobilisation collective concerne surtout des fermetures de site ou des licenciements massifs. Elle est plus aléatoire pour les licenciements contingentés, sans fermeture de site ou étalés dans le temps. La mobilisation collective a aussi évolué au fil des conjonctures: d'abord, globalement sectorielle dans les années soixante et soixante-dix, période de croissance marquée par des crises ou des restructurations spécifiques (grève des mineurs de mars 1963, grèves des chantiers navals de 1965 à 1967); ensuite, plus localisée par établissement ou entreprise, dans la période de stagnation ou de recul de la croissance des années quatre-vingt et quatre-vingt-dix. Plusieurs traits marquent cette évolution. L'Etat multiplie ses interventions unilatérales en matière de mesures de licenciement. Les plans sociaux sont l'objet d'une évolution des rapports montrant des limites à la mobilisation collective des salariés. Des problèmes de répartition des rôles se posent entre les comités d'entreprise, les plus directement concernés par cette procédure, et les sections syndicales d'entreprise juridiquement investies du pouvoir de négocier. Les négociations collectives sont aussi caractérisées par une montée des formes de consultation directe des salariés (référendum) et des négociations de gré à gré entre employeur et salariés (liées au caractère individuel des mesures). On assiste aussi à une multiplication des réseaux de relations entre entreprises et administrations, notamment à une échelle locale, qui pèsent sur les négociations ou les modes de consultation du personnel. La C.F.D.T. est la centrale qui est la plus sensibilisée à cet aspect. Elle a mis en place une structure particulière de liaison, d'information et de coordination entre comités d'entreprises, fonctionnant sur une base régionale. Cette structure cherche à établir une solidarité financière à l'occasion des conflits; mais aussi à prendre des initiatives en direction des collectivités locales ou des associations pour la défense de l'emploi.

Parallèlement à cette évolution des formes de mobilisation collective, s'est maintenu un processus de négociation interprofessionnelle. Il est souvent induit par les interventions de l'Etat en matière de réglementation du travail, mais aussi, et surtout, polarisé sur l'aménagement d'un système complexe de traitement social et d'indemnisation du chômage. Les centrales syndicales réagissent différemment à cette évolution des rapports entre réglementation, négociation et mobilisation collective. F.O. est d'abord sensible au caractère autoritaire et régressif de la réglementation du travail et du traitement social du chômage impulsés par les employeurs et l'Etat qui pèse sur la forme et le niveau des négociations. Et elle insiste sur la nécessité de rétablir les conditions d'une négociation plus collective. Elle dénonce aussi la place de plus en plus secondaire occupée par les négociations de branches sur l'emploi; ces dernières étant réduites par la montée des conflits d'emploi dans l'entreprise et des mesures prises au niveau interprofessionnel. La C.G.T. dénonce d'abord la dispersion du rapport de force avec les employeurs impliquant des négociations contraintes par entreprise. Elle propose aussi un autre type de réglementation du travail de la part de l'Etat. Elle tend à s'appuyer sur l'ensemble des droits collectifs en matière d'intervention et de négociation à chaque niveau. Elle vise aussi à rendre plus offensive l'action des C.E. en recherchant la mobilisation des salariés. La C.F.D.T. tend à s'adapter à une dynamique de négociation par entreprise pour la tirer vers un niveau informel de négociations interentreprises. Elle dresse des bilans en prenant appui aussi sur l'action de ses élus dans les C.E. (principaux interlocuteurs des employeurs sur les plans sociaux). Elle cherche aussi à les concilier avec la négociation interprofessionnelle.

Les questions de l'emploi soulèvent des questions économiques. Elles posent d'abord, au regard des syndicats, les implications de l'économie de marché, ou d'une soumission des employeurs et de l'Etat aux objectifs de rentabilité économique, dont les termes sont différemment perçus par les uns et les autres (rentabilité immédiate ou à plus long terme). Ces dernières conditionnent le refus syndical de toute opportunité des suppressions d'emploi avec ou sans licenciement sec, ou l'usage d'un droit d'alerte des C.E.. Elles ont fait aussi l'objet de plates-formes revendicatives plus larges en matière de nationalisation ou de planification, soit autant de références à la nécessité d'une action de l'Etat. Certains secteurs représentent plus que d'autres des enjeux pour l'autonomie d'une économie nationale (sidérurgie, électronique, aéronautique). Ce sont ces secteurs qui ont été l'objet de revendications syndicales pour leur nationalisation dans les années soixante et soixante-dix. L'évolution des critères de gestion inscrits dans une mondialisation de la concurrence a contribué à faire reculer les mythes de la "gestion sociale" du secteur nationalisé. Les enjeux syndicaux ont été ramenés, depuis les années quatre-vingt, à des objectifs plus ciblés autour des "contrats de plan" passés entre chaque entreprise nationale et l'Etat, ou sur le contenu des plans sociaux. Ce qui n'a pas empêché certaines interventions politiques de la part de l'Etat pour contenir l'ampleur des suppressions d'emplois envisagées par les directions d'entreprises nationales. On assiste aussi à une forme de recentrage syndical sur la notion de "service public", relancée par les mesures de déréglementation économique au niveau mondial ou européen. Le caractère permanent et de valeur symbolique attachée au statut de service public a resurgi fin 1995, à l'occasion du conflit engagé par les cheminots contre le projet de contrat de plan Etat-S.N.C.F., contre un projet de réforme des régimes spéciaux de retraite et de la protection sociale. Et à l'occasion de plusieurs plans sociaux d'entreprises accompagnant des suppressions d'emplois dans des unités de production de secteurs différents (sous-traitance automobile, construction électronique), on a constaté l'émergence de nouvelles formes de mobilisation syndicale. Les syndicats, C.G.T. comprise, y amorcent des contre-propositions en matière de gestion. Elles mettent en cause le fait que la non prise en compte de certains coûts de production induit une approche restrictive des coûts salariaux (coûts des rebuts de fabrication, coûts dus aux pannes, coûts en matière de mauvaises conditions de travail). Elles tendent à proposer de nouveaux débouchés pour remplacer, par exemple, des productions militaires par des productions civiles. Les syndicats cherchent à mobiliser les personnels par des discussions ouvertes aux cadres de l'entreprise ainsi qu'à la population locale. Ils mettent en place des structures de coordination entre plusieurs sites concernés de l'entreprise. On revient à des expériences de mobilisation locales pour la défense de l'emploi (à l'échelle d'un bassin d'emploi) exprimant de nouvelles préoccupations en matière de gestion.

Les problèmes d'emploi liés aux dimensions de politiques ou de stratégies économiques sont loin d'être tous négociables par les syndicats; ce qui ajouté à leur ampleur a privilégié le volet social dans les négociations. Volet dans lequel l'indemnisation l'emporte sur les dimensions de conversion ou de création d'emploi; indemnisation à caractère plus dégressif, dont les taux sont gagés sur des hausses de cotisation et des rallonges de l'Etat. Dans un contexte de mutations et de précarité accélérées, la prévention et les mesures de conversion par la formation sont devenus des thèmes importants. D'où une montée des questions de formation mais aussi, plus largement, des questions éducatives dans les relations professionnelles.

Bibliographie.

Bouillaguet-Bernard P. (1988), L'évolution des politiques de l'emploi en France de 1975 à 1987, Problèmes économiques, n°2068.

Bouillaguet P;, Guitton C., sous la direction (1992), Le chômage de longue durée; comprendre, agir, évaluer, Syros, Alternatives.

Caire G. (1993), Le travail intérimaire, Que-sais-je, n°2804, P.U.F..

Colloque de Dourdan (1982), L'emploi: enjeux économiques et sociaux, Maspéro.

Commissariat Général du Plan (1993), Choisir l'emploi, rapport du groupe "Emploi" pour la préparation du XI° Plan, La Documentation française.

Delamotte Y. (1971), Les tendances récentes de la négociation collective en France, Revue internationale du travail, avril.

Delarue J.M. (1987), Temps partiel, intérim, C.D.D.; La progression du travail atypique, Regards sur l'actualité, n°129, mars.

Desseigne G. (1995), L'évolution des comités d'entreprise, Que-sais-je n°2001, P.U.F..

Dufour C. (1995), De la reconstruction aux licenciements de masse: les C.E. face aux problèmes de l'emploi, Cahiers du centre confédéral d'études économiques et sociales de la C.G.T., Analyses et documents économiques n°65, juin.

Durand M., Guillon R., Hagège C. (1970), Mutations industrielles et conflits sociaux, C.R.E.S.S.T., Université Paris-Sud.

Durand C. (1986), Les syndicats et la politique industrielle, Sociologie du travail n°3, juillet-septembre.

Freyssinet J. (1982), Politique d'emploi des grands groupes français, Presses universitaires de Grenoble.

Gibou J.L. (1994), Comités d'entreprise et gestion de l'emploi, C.F.D.T. Aujourd'hui, n°112, juin.

Lagandré F. (1992), L'emploi, matière à négociation, C.F.D.T. Aujourd'hui, n°105, juin.

Liaisons sociales (1994), Les plans sociaux, Colloque de la revue Droit social, Documents, série R, n°17/94, 14 février.

Lojkine J. (1995), Vers un syndicalisme de "troisième type"?, L'intervention syndicale dans la gestion des entreprises, Revue de l'I.R.E.S., n°19.

Maletras J.L. (1995), C.E. et emploi: expériences d'intervention concrète, Cahiers du centre confédéral d'études économiques et sociales de la C.G.T., Analyses et documents économiques n°65, juin.

Montlibert de C. (1989), Crise économique et conflits sociaux, Logiques sociales, L'Harmattan.

Ricordeau P. (1993), Indemnisation du chômage: une comparaison des régimes français et européens, Revue française des affaires sociales, n°1, janvier-mars.

CHAPITRE IV

DE LA FORMATION CONTINUE A L'ECOLE.

L'Etat, les employeurs et les syndicats ont participé à la construction d'un système de formation professionnelle, par la réglementation, par les relations entre l'Etat et les employeurs, par des négociations entre employeurs et syndicats. Une partie du système a d'abord concerné les adultes. La formation est devenue un droit pour les salariés en activité ou privés d'emploi dans le cadre d'un système dit de "formation continue". Avec la montée du chômage des jeunes, l'Etat a agi sur l'école, et notamment sur plusieurs filières de formation professionnelle. Et il a mis en place de nouveaux systèmes de transition entre la sortie de l'école et l'entrée sur le marché du travail. Ces derniers ont été pris en charge par les employeurs pour être négociés plus tard avec les syndicats.

Un système de formation continue négocié.

La Libération marque une étape importante dans la distinction entre les cadres d'une formation professionnelle initiale et d'autres cadres. Pour répondre par la formation aux besoins de main-d'oeuvre liés à une période d'activité de reconstruction, l'Etat crée l'Association nationale pour la formation professionnelle des adultes (A.F.P.A.). Celle-ci met en place des centres et des programmes de formation des métiers du bâtiment. Ils seront progressivement étendus à d'autres spécialités d'autres secteurs. Jusqu'aux années soixante aussi, la politique de formation d'une main-d'oeuvre qualifiée et les mesures de promotion sociale sont étroitement liées. Ce sont surtout des cours de perfectionnement assurés par le service public qui peut aussi passer des conventions avec les entreprises. Les premiers problèmes posés par la reconversion d'une partie de la main-d'oeuvre industrielle (pris en charge par le

F.N.E.) débouchent sur une loi d'orientation consacrée à la formation professionnelle. Cette loi du 3 décembre 1966 vise à compléter les actions du service public par des actions privées, "habilitées" ou "agréées" sous la forme de "conventions" entre établissements publics, entreprises, et organisations professionnelles ou syndicales. Et elle pose le principe du "congé individuel de formation". Une autre loi, en décembre 1968, aborde l'aide financière de l'Etat, les modes de rémunération des stagiaires. Elle établit une typologie des actions et des publics de la formation professionnelle qui sera reprise par la suite. On distingue ainsi:

- la conversion des salariés licenciés;
- la prévention des salariés menacés de licenciement;
- les actions de promotion par l'obtention d'un diplôme;
- les actions d'entretien et de perfectionnement face à l'évolution technologique;
- et certaines actions en faveur des jeunes de 16-18 ans visant à leur faire acquérir une formation professionnelle.

La formation est aussi un des thèmes inscrits au constat de Grenelle du 27 mai 1968. Les négociations engagées, un an plus tard,. déboucheront sur le premier accord interprofessionnel en matière de formation et de perfectionnement professionnel, conclu et signé par tous les syndicats le 9 juillet 1970. Cet accord consacre un droit à la formation selon lequel tout salarié, ayant au moins deux ans d'ancienneté dans son entreprise, est autorisé à s'absenter pendant le temps de travail pour suivre une formation de son choix. La question du financement est renvoyée à plus tard. La loi du 16 juillet 1971 sur "l'organisation de la formation professionnelle dans le cadre de l'éducation permanente" marque l'institutionnalisation d'un système de formation professionnelle continue (F.P.C.). Elle étend toutes les dispositions de l'accord. Et elle prend de nouvelles mesures comme l'obligation pour les employeurs de 10 salariés et plus de participer par une taxe au financement de la F.P.C., correspondant à 0,8% de la masse salariale. Elle aborde aussi les pouvoirs et les rôles des représentants élus des salariés (délégués du personnels et du C.E.), ainsi que la question des conventions passées entre les entreprises et deux types d'organismes pour collecter et gérer les fonds de F.P.C.; les uns, fonds d'action pour la formation (F.A.F) sont des organismes paritaires entre les employeurs et les syndicats; les autres, les plus nombreux, associations de formation regroupant des entreprises et des syndicats d'employeurs (A.S.F.O.), ne le sont pas.

L'évolution de l'emploi impose de fait plusieurs publics prioritaires qui ne sont pas toujours suffisamment couverts par les actions de formation. Ce sont les chômeurs, les salariés licenciés ou les jeunes demandeurs d'emploi. Et une multiplication des organismes de formation en regard d'une accentuation des mutations de l'emploi pose aussi des problèmes en matière de contenus de formation. Aussi l'Etat impose aux employeurs une participation au financement des formations destinées aux demandeurs d'emploi, par la loi du 16 juillet 1975. Et il instaure une procédure de contrôle sur tous les établissements de gestion ou dispensateurs de formation par la loi du 31 décembre 1975; cette loi institue aussi dans les entreprises des procédures visant à définir et organiser les actions de formation, et désignées par la notion de "plan de formation". D'autres modifications importantes seront apportées par des négociations interprofessionnelles, elles-mêmes relayées par la loi. Un avenant à l'accord de 1970 est signé le 9 juillet 1976 par les partenaires sociaux. Il renforce le caractère individuel du congé de formation dont l'initiative revient au salarié, indépendamment de sa participation aux actions de formation organisées par l'entreprise. Un autre avenant du même jour, non signé par la C.G.T. et la C.F.D.T., définit les conditions de maintien du salaire pendant un congé individuel de formation; la durée du maintien du salaire par l'entreprise (en nombres de semaines) varie en fonction du nombre d'heures de la formation (soit un barème fixé à quatre semaines en deçà de 500 heures, et à treize semaines au delà), les compléments étant assurés par le relais de l'Etat pour toute formation n'excédant pas une durée d'une année. Ces dispositions sont reprises par la loi du 17 juillet 1978. Les négociations continuent au niveau interprofessionnel. En 1982, la loi du 29 octobre sur les institutions représentatives renforce les prérogatives des C.E. (ou à défaut des délégués du personnel) en matière de formation, instaurant aussi une commission spécifique dans les entreprises de 200 personnes et plus. La loi du 13 novembre sur la négociation collective cite la formation parmi les thèmes faisant l'objet d'une négociation obligatoire dans l'entreprise, mais aussi au niveau des branches. Avant ces deux lois, un nouvel accord interprofessionnel a été signé le 21 septembre 1982. Ses dispositions seront reprises et développées par une nouvelle loi rénovant la loi de 1971, la loi du 24 février 1984. Elles consacrent la généralisation du congé individuel de formation en instaurant des mesures spécifiques de financement, et des organismes paritaires pour la collecte, la gestion des fonds et l'agrément des formations (soit une contribution de 0,10% de la masse salariale, et des institutions comme les FONGECIF et les OPACIF); ainsi qu'en l'étendant aux salariés des petites entreprises. Ils garantissent aussi le maintien des rémunérations (entre 80% et 100% du salaire), quelque soit la durée de la formation. Cette loi inclut aussi les dispositions d'un accord interprofessionnel d'octobre 1983, non signé par la C.G.T., consacré aux formations des jeunes en alternance, sur lequel nous reviendrons.

D'autres accords interprofessionnels et d'autres mesures législatives en matière de formation s'adapteront aux évolutions de l'emploi, notamment pour les populations les plus touchées; et en interaction avec les négociations sur l'emploi (congés de conversion du F.N.E. pour les licenciés économiques, obligation des employeurs de financer des formations en alternance, extension des congés individuels et des formations en alternance aux chômeurs adultes de longue durée, mais aussi aux contrats de travail temporaire). Et fin 1989, pour combattre le chômage des jeunes et réduire la population sans qualification, le gouvernement lance l'idée d'un "crédit de formation individualisé", selon laquelle chaque salarié devrait disposer au sortir de l'école d'un capital d'années de formation d'autant plus élevé que le niveau de sortie est bas. Il sera institué par un protocole d'accord interprofessionnel de mars 1990 et la loi du 4 juillet 1990 exclusivement pour les salariés sans qualification, et financé par une taxe versée par les entreprises (0,05% de la masse salariale). Les dispositions de deux autres accords sont reprises par la loi du 4 janvier 1992. Elles consacrent l'intégration des mesures d'insertion des jeunes dans le système de F.P.C. (accord du 1er mars 1989 sur l'insertion professionnelle des jeunes, non signé par F.O. et la C.G.T., accord du 3 juillet 1991 sur la formation et le perfectionnement, non signé par la C.G.T.). Cette loi impose aussi une contribution financière mutualisée aux entreprises de moins de 10 salariés (0,15% de la masse salariale). Mais elle introduit également la notion de "coinvestissement" selon laquelle 25% de la durée des formations peuvent être dispensés en dehors du temps de travail.

Enfin, hors du champ des relations professionnelles, depuis les lois sur la décentralisation de mars 1982 et sur le transfert des compétences de l'Etat de janvier 1983, les régions ont acquis des compétences en matière de formation professionnelle et de F.P.C.. L'Etat inscrit dans la loi quinquennale pour l'emploi de décembre 1993 le principe d'une réduction du nombre des organismes chargés des fonds de formation et celui de leur régionalisation. Ce qui pose directement plusieurs questions comme celle d'une distinction entre collecte, gestion des fonds et action de formation, celle des rapports entre branches professionnelles et régions, ou encore celle de la place du paritarisme pour la gestion ou le contrôle de l'usage des fonds. Les négociations sont complexes. Elles se soldent, le 5 juillet 1994, par un accord entre le C.N.P.F. et deux syndicats seulement, la C.F.D.T. et F.O., sur un système de collecte des fonds plus ramassé, soit de nouveaux organismes paritaires de collecte agréés (O.P.C.A.) dont le champ de compétence peut être celui d'une branche au niveau national, ou régional et interprofessionnel (O.P.C.A.REG). Le système est complété le 18 novembre 1994 par un accord signé par tous les syndicats sur les domaines d'application du paritarisme en matière de formation. Il distingue deux types d'intervention: d'une part, la définition des objectifs de formation et le contrôle de leur réalisation qui restent paritaires; et, d'autre part, la collecte et la gestion des fonds qui sont de la seule responsabilité patronale. Et, quelques jours après, la C.G.P.M.E. signe un accord avec la C.G.T., la C.G.C. et la C.F.T.C. sur un O.P.C.A. national et interprofessionnel pour les P.M.E. Une telle juxtaposition de structures traduit de fait un compromis entre une gestion professionnelle et une gestion localisée des fonds de formation professionnelle, ainsi qu'une rupture entre le C.N.P.F. et la C.G.P.M.E..

La F.P.C. recouvre des enjeux importants et une diversité de thèmes. L'Etat a été le plus souvent en position de relais institutionnel des négociations conduites entre employeurs et syndicats surtout au niveau interprofessionnel. Mais il a aussi imposé des formes de contribution financière aux employeurs; celles-ci passant de 0,8% de la masse salariale en 1971 à 1,5% en 1993. Le C.N.P.F. a élaboré une doctrine en matière de formation, en tentant de dépasser la diversité des entreprises et des secteurs, considérant la formation comme une forme d'investissement à traiter d'abord globalement à l'échelle interprofessionnelle. Mais la formation a évolué aussi en fonction des mutations de l'emploi et des projets visant à répondre à l'évolution des marchés (rentabilité à court terme, flexibilité ou mobilité de la main-d'oeuvre). Les employeurs ont témoigné de visions strictement utilitaristes de la formation, en même temps qu'ils acceptaient certaines mesures de formation pour les moins qualifiés, mesures exonérées de certaines charges sociales. Si les fonds consacrés à la formation par les entreprises ont été accrus et diversifiés depuis la loi de 1971 (notamment par un effort des entreprises en moyenne plus élevé que les seuils exigés par la loi), ils ont surtout été dispensés dans le cadre des plans de formation. Les stages de formation à l'initiative du salarié représentent 50 000 cas par an pour un total de 3 M de stagiaires. Et les seuils alloués au congé individuel de formation restent peu élevés (0,20% de la masse salariale en 1993). Et la F.P.C. a tendance à se polariser sur les plus grosses entreprises; la moitié des sommes recueillies relèvent des entreprises d'au moins 2000 salariés employant le tiers des salariés. Elle concerne aussi davantage les secteurs les plus dynamiques ou les catégories les plus qualifiées (cadres et, surtout, professions intermédiaires). Elle touche davantage les salariés que les salariées. Et une dimension originelle importante de la formation est en recul; c'est le lien entre la formation et les changements de qualification ou la promotion sociale.

Des enquêtes permettent de calculer la fréquence des changements de classification chez les salariés qui ont suivi une formation continue. On peut y distinguer les formations à l'initiative de l'employeur et les formations à l'initiative du salarié. Les taux de promotion sont plus élevées pour les premières; mais ils ont régressé dans les deux cas entre 1970 et 1985 (de 55% à 28% pour les formations à l'initiative de l'employeur; de 35% à 21% pour les autres). C'est pourquoi on relève une convergence entre les revendications syndicales sur les classifications et les revendications syndicales en matière de formation. Les syndicats continuent de revendiquer l'ouverture et la progressivité des grilles de classifications salariales. Et ils insistent sur la nécessité de développer prioritairement la formation promotionnelle pour les salariés des classifications les plus basses.

Des projets syndicaux constitués.

Les syndicats ont élaboré des projets et des plates-formes sur la formation. Ils ont d'abord revendiqué un droit à la formation, ensuite des moyens financiers et de contrôle. Ils ont aussi insisté sur le caractère individuel du congé de formation. Les positions syndicales sont plus diverses sur certains sujets, en fonction notamment de leur conception de l'autorité de l'employeur ou des limites qu'ils fixent aux spécificités catégorielles ou sectorielles de l'accès à la formation.

Pour la C.G.T., la formation doit d'abord protéger les salariés contre les mutations imposées par les employeurs. Elle est aussi un moyen de développer la qualification et d'améliorer la rémunération (en regard des gains de productivité). La C.G.T. est attachée à une reconnaissance et à une validation des acquis par la F.P.C.; cette dernière devant être inscrite et précisée dans les conventions collectives. La C.G.T. accorde sa préférence aux structures publiques de formation (G.R.E.T.A., Université, A.F.P.A.). Elle revendique une augmentation de leurs moyens. La C.G.T. revendique un pouvoir de décision des C.E. en matière de formation dans les entreprises, en partie aussi, afin de compenser les effets du mode de représentation des syndicats au niveau interprofessionnel. Ces derniers, lorsqu'ils répondent aux critères d'une représentativité nationale, ont le même impact sur les négociations ou le contrôle des fonds, quelque soit leur représentation ou leur mobilisation effectives sur le terrain. La C.G.T. reste attachée à une F.P.C. dispensée sur le temps de travail et sans perte de salaire. Elle rejette les effets d'une conception en termes de compétitivité et de rentabilité limitant le contenu de la formation. Elle considère la F.P.C. comme une "deuxième chance" par rapport à la formation scolaire, "première chance". Son hostilité de principe à la plupart des stages pour l'emploi des jeunes, surtout ceux qui n'ont pas de véritables garanties en matière de contrat de travail, la conduit à dénoncer les contraintes qui pèsent sur la notion de crédit de formation individualisé.

La C.F.D.T. rejette aussi une conception strictement économique de la F.P.C.. La formation doit développer les compétences professionnelles mais aussi être un moyen pour participer aux transformations de la société dans un sens plus démocratique et autogéré. La valeur attribuée au terme d'"éducation permanente" est fortement associée à la notion de service public. La C.F.D.T. souhaite non seulement une ouverture des contenus, mais aussi des types de formation plus collectifs, pour réduire les inégalités d'accès à la formation. En même temps, elle reconnaît la valeur d'investissement pour l'entreprise dont les termes doivent être négociés avec les syndicats. Avec la montée des problèmes d'emploi, et la relance des revendications sur l'aménagement du temps de travail, la C.F.D.T. intègre la F.P.C. dans le thème du "temps choisi"; pour trouver des compensations aux contraintes de flexibilité ou aux menaces de sous-emploi. Elle cherche aussi à établir un lien entre les dimensions individuelle et collective du droit à la formation, en défendant l'idée d'un "capital-temps de formation" pour chaque salarié susceptible de contribuer à une maîtrise collective des conditions d'emploi. [23]

F.O. insiste d'abord sur les dimensions professionnelles de la F.P.C., et sur la nécessité d'une meilleure information pour sensibiliser les salariés. Tout effort de formation doit déboucher sur une reconnaissance et une promotion. Elle est aussi attachée à l'indépendance des contenus de formation comme l'un des principaux thèmes de mobilisation en faveur d'une primauté à accorder au service public. Elle soutient toutes les formules de

---

[23] La notion de capital-temps de formation a été inscrite dans la loi quinquennale sur l'emploi de 1993 par rapport au plan de formation des entreprises. Le principe de son financement a été posé par une loi du 4 février 1995. Les critères d'application (soit, essentiellement, le nombre d'heures de formation allouées à chaque salarié en fonction du nombre d'années de travail) sont négociés au niveau des branches.

paritarisme. Elle accepte de collaborer avec les employeurs et leurs organisations professionnelles. F.O. adhère au principe d'une décentralisation et d'une régionalisation de la F.P.C., à condition que les procédures ne soient pas en rupture avec un modèle de codécision sur les problèmes de formation. Enfin, F.O. est attachée au droit du congé individuel. Mais elle critique la notion de "capital-temps de formation" soutenue par la C.F.D.T., comme étant susceptible d'être l'objet de pression de la part des employeurs sur le type et le niveau de formation que souhaite suivre un salarié.

La C.G.C. a d'abord souligné l'importance du rôle de formateur qu'assument les cadres dans l'exercice de leur fonction. Elle a obtenu sur ce point un avenant particulier à l'accord de 1970 instituant le droit au congé-enseignement pour les cadres. Elle défend un système pluraliste, public et privé, de formation. Cette formation doit prendre en compte l'évolution des qualifications et de l'organisation du travail. D'où l'importance de tenir compte à la fois des compétences techniques et des compétences relationnelles, par rapport à un projet d'organisation du travail moins cloisonnée et plus transparente. La C.G.C. revendique aussi que le temps de formation soit intégré dans le contrat de travail, au même titre que l'exercice des fonctions. Elle soutient donc aussi l'idée d'un "capital-temps de formation" pour chaque salarié. Elle insiste enfin sur la nécessité d'améliorer les formules de validation des acquis par la F.P.C., afin de favoriser la mobilité professionnelle, mais aussi une logique d'investissement personnel de la part des salariés. Pour la C.G.C. la formation est à la fois un droit collectif et individuel.

Toutes ces positions montrent l'importance et le caractère multiple de la formation. Objet et moyen de mutation, de promotion; outil de liaison entre l'école et l'entreprise. Dans une période de mutations et de crise de l'emploi, la formation n'est pas seulement perçue comme un moyen défensif. Elle reste associée à un modèle d'aspiration sociale plus large. Or force est de constater l'existence d'un fossé entre l'importance des formations d'adaptation aux mutations et celle du congé individuel de formation ou du crédit-formation

Les ponts entre l'école et l'entreprise pour un aménagement des filières et des diplômes, pour l'apprentissage et l'alternance.

Le système éducatif assure d'abord des fonctions de régulation des rapports sociaux en formant des hommes et des citoyens. Il se compose d'un ensemble complexe de filières dont les contenus sont différenciés selon leur caractère général ou technique, leur degré de spécialisation ou de professionnalisation. Les mutations et la crise de l'emploi ont relancé les débats sur les relations entre ces filières, sur les rapports entre l'école et les entreprises du point de vue de la définition des contenus de formation, de la responsabilité des modes d'apprentissage, des conditions d'entrée sur le marché du travail. Ces rapports sont organisés par des institutions auxquelles participent les syndicats.

Dans le sillage de la loi de 1971 sur la F.P.C., ont été créées, par un décret du 4 juillet 1972, dans tous les ministères en charge de la formation (Education nationale, Travail, Santé, Agriculture) des commissions intitulées "commissions professionnelles consultatives" (C.P.C.). Ces commissions regroupent des représentants de toutes les organisations nationales représentatives d'employeurs et de salariés, des représentants du ministère concerné, ainsi que des personnalités qualifiées. Les syndicats de salariés concernés sont les cinq grandes centrales nationales (C.G.T., C.F.D.T., C.F.T.C., F.O. et C.G.C.), ainsi que la Fédération de l'Education nationale (F.E.N.). Les C.P.C. ont un mandat de quatre ans pour formuler des avis et des propositions sur les formations en fonction de l'évolution des activités, en termes de qualifications et de débouchés professionnels. Le champ couvert par ces C.P.C. est le plus étendu dans le cadre du ministère de l'Education nationale,

soit un ensemble constitué par les filières de l'enseignement technique secondaire et supérieur, par l'apprentissage et les formations professionnelles continues de même niveau. Les C.P.C. couvrent systématiquement chaque grand secteur d'activité industriel ou tertiaire. Les travaux suivent une procédure pour la création, l'actualisation, ou la suppression de chaque formation. Ils traitent des programmes et des modalités de délivrance des diplômes. L'inspection générale de chaque discipline concernée joue un rôle déterminant de synthèse et de coordination sous l'autorité de la Direction des lycées. Chaque dossier est préparé par des enquêtes sur les contenus de travail et l'emploi, et débattu par les partenaires sociaux. Les organisations syndicales attachent beaucoup d'importance à ces dossiers. Les débats au sein de chaque C.P.C. font état de divergences et de conflits entre partenaires sociaux. Ils sont notamment articulés avec les relations professionnelles sur plusieurs thèmes essentiels: les classifications, la F.P.C. et l'emploi. L'impact des C.P.C. peut être mesuré par l'importance et la fréquence des créations et des adaptations des diplômes de l'enseignement technique:
- réduction du nombre de C.A.P. et de B.E.P. par spécialité, pour des formations plus polyvalentes;
- création en 1985 du bac professionnel sur des spécialités plus larges pour répondre aux nouveaux systèmes de production;
- créations et rénovations des brevets de technicien supérieur (B.T.S.), diplôme de niveau équivalent à celui du D.U.T., géré par l'enseignement supérieur.

Les syndicats participent aussi, depuis 1971, à une autre structure nationale, la Commission technique d'homologation des titres et des diplômes de l'enseignement technique, chargée de valider la certification des formations initiales ou continues, publiques ou privées. Seuls les titres de l'Education nationale sont inscrits de droit. Toutes les autres formations, y compris celles des autres ministères, doivent être traitées par cette commission. Cette structure est chargée d'apprécier la spécialité, le niveau des formations et des débouchés. Nombre de formations d'entreprise passent par cette procédure. Et la certification devient un enjeu des relations professionnelles dans l'entreprise. L'homologation d'une formation est accordée pour une durée maximale de trois ans.

L'apprentissage est le second aspect traité par les syndicats que nous souhaitons évoquer. Il s'agit d'un mode ancien et complexe de formation professionnelle. Son origine remonte au XIX° siècle, et plus spécifiquement à la loi Astier sur l'enseignement technique industriel et commercial du 25 juillet 1919. Cette loi est le premier texte qui réglemente la formation des apprentis en instaurant des "cours professionnels" préparatoires au C.A.P.. Mais cette loi ne traite pas de certaines questions essentielles comme celle de la nature du contrat qui sera définie en 1928, ni de la taxe d'apprentissage qui sera créée en 1925. Et si elle rend obligatoire le suivi des cours professionnels, l'épreuve du C.A.P. ne deviendra obligatoire qu'en 1938. Et c'est l'année suivante que seront crées des organismes de formation plus spécifiques, les "centres de formation professionnelle" transformés en "centres d'apprentissage" en septembre 1944. L'apprentissage est progressivement tombé en désuétude jusqu'à sa réhabilitation par la loi du 16 juillet 1971. Cette loi fixe à 16 ans l'âge d'entrée en apprentissage. La procédure est soumise à un contrat entre l'apprenti et un employeur suivant une procédure d'agrément préalable au niveau départemental. Le contrat d'apprentissage devient un contrat de travail rémunéré. Il concerne essentiellement des entreprises de moins de 10 salariés, pour lesquelles il donne droit à une exonération des charges sociales. La formation dispensée est à la fois théorique et pratique. La formation théorique doit se faire dans un centre agrée par l'Etat; soit un centre de formation des apprentis (C.F.A.) crée par convention entre l'Etat et les chambres consulaires ou les entreprises. Elle représente 360 heures de cours annuels. Après la chute des effectifs d'apprentis entre la fin des années cinquante et le début des années soixante-dix (de 300 000 à 100 000), le nombre des apprentis remonte à 220 000 à la fin des années soixante-dix. Par la suite, les conditions d'agrément seront resserrées en fonction de critères de contenu et des perspectives d'embauches; le nombre d'heures de cours sera augmenté; et l'exonération des charges sociales étendue aux entreprises de plus de 10 salariés. La loi du 23 juillet 1987 cherchera notamment à étendre l'apprentissage aux grandes entreprises par un système de conventions, ainsi que le champ des diplômes préparés en C.F.A. (bac professionnel, B.T.S., et même diplôme d'ingénieur).

Avec l'évolution de l'emploi, les problèmes de l'apprentissage sont de plus en plus mêlés avec les mesures pour l'insertion des jeunes et associés aussi au système de F.P.C.. Un accord interprofessionnel du 8 janvier 1992, prolongé par une loi sur l'apprentissage du 17 juillet 1992, rapproche les conditions de rémunération des apprentis de celles des contrats pour l'emploi des jeunes; il module la durée des contrats selon le niveau de formation; et introduit une possibilité d'apprentissage dans le secteur public où il se développe notamment dans les banques. Mais fin 1993 la loi quinquennale sur l'emploi supprime la procédure d'agrément préalable à laquelle participaient les C.E.. Et l'accord interprofessionnel du 5 juillet 1994 sur la F.P.C. augmente la part des taxes versées aux C.F.A. dont les conditions de collecte sont intégrées dans celles des nouveaux organismes de F.P.C. (les O.P.C.A.).

Les employeurs sont d'accord avec l'Etat pour étendre l'apprentissage. Les syndicats sont plus réservés par rapport aux questions de la rémunération, du contrat de travail, des contenus pédagogiques; en fonction aussi de leur attachement à l'enseignement public. On constate notamment sur ce point une évolution de leur position depuis les années quarante. A cette époque les centrales syndicales revendiquaient pour les ouvriers un contrôle de l'apprentissage dans le cadre de structures tripartites, et situées en dehors de l'enseignement public. Les positions syndicales évolueront après l'intégration des maîtres d'apprentissage dans l'Education nationale en 1946, et plus tard, avec la montée de la polyvalence, et surtout la précarisation des contrats de travail. D'une condamnation de l'apprentissage en tant que "sous-contrat de travail", les syndicats adopteront une position plus nuancée, notamment par rapport à la durée et au niveau de rémunération inférieurs des nouveaux contrats pour l'emploi des jeunes. Et les syndicats s'attacheront de plus en plus au fait que l'apprentissage permette d'acquérir une polyvalence dans le cadre du service public éducatif.

Malgré l'importance accordée par les gouvernements successifs à l'apprentissage, les effectifs plafonnent à 230 000 contrats par an. La moitié sont signés chez des artisans et commerçants. Et les taux de chômage en fin de contrats augmentent dans toutes les spécialités.

Un autre fait majeur de l'évolution éducative, c'est l'extension du principe de l'alternance. Le terme de "formation en alternance" désigne toute formation qui combine le suivi de cours dispensés par un établissement d'enseignement et la présence dans un lieu d'activité (entreprise, administration ou association). Son origine est complexe. Car elle concerne des débats, souvent anciens, sur les rapports entre formation et accès à l'emploi, entre "formation théorique" et "formation pratique", sur leur partage entre les institutions de formation, dont l'école, et les entreprises; d'où une distinction entre "formation sous statut scolaire" et "formation dans le cadre d'un contrat de travail". Les débats sur l'alternance ont été d'abord relancés par les constats de l'échec scolaire, et ensuite par une montée des difficultés d'insertion des jeunes sur le marché du travail. Historiquement l'alternance a d'abord concerné l'apprentissage,et plus tardivement le système éducatif initial (avec la mise en place en 1979 des "séquences éducatives en entreprise" pour les sections préparatoires du C.A.P. et du B.E.P. des lycées d'enseignement professionnel). Elle s'est aussi étendue à la périphérie de l'école avec les mesures prises pour l'emploi des jeunes. Et la loi Legendre du 12 juillet 1980 sur la formation professionnelle initiale et continue a institué une formation des adultes en alternance. Les collectivités territoriales ont été aussi investies par l'Etat de prérogatives croissantes pour ces formations (à travers les mesures de transfert d'une partie de leur financement et de leur gestion). Le champ des formations en alternance couvre actuellement un spectre de formations initiales ou continues de tous niveaux (du C.A.P. aux diplômes de niveau supérieur). Une large part de ces formations sont dispensées dans le cadre de conventions passées entre des établissements de formation agrées et des entreprises. Toutes ces mesures mettent les entreprises en situation de partenaires des établissements de formation. L'Etat a favorisé ces partenariats en instituant en 1984 la procédure des "jumelages entre école et entreprise" pour signer des conventions de formation en alternance. Les entreprises ont été conduites à expliciter leur démarche, à libérer de nouveaux moyens matériels et humains; avec notamment le suivi des stagiaires par des "tuteurs" salariés de l'entreprise. Toutes les entreprises n'ont pas les mêmes capacités pour prendre en charge ces actions et les intégrer dans leur stratégie de gestion du personnel. D'où certaines concentrations et polarités des expériences: apprentis dans les P.M.E. artisanales; autres formes d'alternance, notamment "plus scolarisées", dans de grandes entreprises industrielles ou tertiaires. Depuis les années soixante-dix les relations entre l'école et les entreprises ont été développées. Elles ont posé de nouveaux problèmes de connexion avec le champ des relations professionnelles. Un relais a été assuré par des négociations au niveau interprofessionnel entre les employeurs et les syndicats sur la formation continue, sur le recours à l'apprentissage et aux formations en alternance; elles ont été conclues par des accords non signés par la C.G.T. (en 1983, en 1989, en 1991). Plusieurs grands secteurs comme les banques, la métallurgie ou la chimie ont ajusté en 1993 les dispositions de ces accords au niveau des branches et des entreprises. On peut constater une évolution de la doctrine des employeurs acceptant de contribuer financièrement à la formation initiale par le jeu des stages et des tuteurs en entreprise, ainsi que de participer aux actions pour l'insertion des jeunes par les contrats. On peut aussi relever une évolution des sensibilités syndicales. La notion d'alternance est acceptée par tous les syndicats (de la C.G.T. à la C.G.C.), mais à deux conditions; d'abord, si elle n'est pas inscrite dans un statut scolaire et susceptible de contribuer à réduire la durée normale de la scolarité; ensuite, si elle n'est pas assortie de contrats de travail précaires, moyen de fournir aux entreprises une "main d'oeuvre bon marché", et d'utiliser des stagiaires au lieu d'embaucher.

Les sas pour l'emploi des jeunes.

Des mesures spécifiques ont été engagées par tous les gouvernements à partir du milieu des années soixante-dix pour compenser certains déficits d'insertion des jeunes au sortir de l'école. Elles ont contribué à organiser un sas à l'entrée du marché du travail. Ces mesures participent d'une gestion du chômage. Elles forment un ensemble complexe de mesures d'aides à l'embauche, de mesures d'exonérations prises en charge par l'Etat, de stages de formation et de contrats de travail particuliers aidés financièrement par l'Etat. On peut distinguer deux statuts juridiques chez les bénéficiaires: celui de "stagiaire de la formation professionnelle", et celui d'un "contrat de travail" dans une entreprise, une collectivité territoriale ou une association. Ces mesures ont d'abord été conçues comme des palliatifs au manque de formation ou d'expérience professionnelle des jeunes chômeurs, et des "jeunes sans qualification". Puis, la crise de l'emploi devenant plus marquée, elles se sont intégrées dans la lutte contre le chômage de longue durée concernant aussi de jeunes diplômés avec une qualification. Ces mesures ont été décidées en plusieurs étapes correspondant à plusieurs projets politiques liés aussi à plusieurs conjonctures. On peut les évoquer à travers trois étapes.

La première étape, étalée de 1975 à 1981, correspond aux "pactes pour l'emploi des jeunes". Elle constitue une période d'attente d'un retour de la croissance. Les jeunes chômeurs de moins de 25 ans sont le public visé. Dès 1975 sont institués des "contrats emploi-formation", contrats de travail assortis d'une exonération des charges sociales et d'aides de l'Etat pour les salaires et les coûts de formation, ainsi que différentes formules de stages à la charge de l'Etat ("stages pratiques" en entreprise pour des jeunes du niveau du C.A.P., "stages de formation" assortis de périodes en entreprise pour des jeunes sans formation). Ces mesures touchent plus de 10% des jeunes actifs de moins de 25 ans. Les stages sont plus nombreux que les contrats. L'ensemble participe d'un mouvement de drainage des jeunes chômeurs vers la formation plus que d'une insertion dans l'emploi.

Une seconde étape, très ramassée sur l'année 1982 et une partie de l'année 1983, marque un effort particulier en faveur des jeunes les plus défavorisés combinant des objectifs d'insertion sociale et professionnelle, et appliqué à l'échelon local. En mars 1982 une ordonnance institue des stages de formation alternée, les "stages 16-18 ans", qui remplacent les stages de la période précédente. Ces nouveaux stages tiennent compte de plusieurs types de handicaps. D'un côté, des "stages d'orientation", débouchant à terme sur d'autres stages, plus adaptés, visant à ce que le jeune construise un projet professionnel à partir d'une meilleure insertion sociale. De l'autre, des "stages de qualification" préparant directement les jeunes à un métier dans un C.F.A.. Ces mesures seront progressivement étendues aux jeunes de 18-25 ans. Parallèlement les "contrats emploi-formation" éclatent en deux formules à partir de mai 1983 ("contrats emploi-adaptation" d'une durée minimale d'un an pour des jeunes ayant déjà une qualification; "contrats emploi-orientation" d'une durée plus courte pour des jeunes sans formation, ni projet professionnel).

Depuis 1975, les syndicats sont en situation d'observateurs critiques de ces dispositifs. Ils dénoncent la nature des contrats (précarité, faiblesse des rémunérations) et le contenu des formations. Ils ont à faire face à une montée générale du chômage; et voient dans ces mesures des risques d'un volant de main-d'oeuvre d'ajustement à court terme. Ils critiquent aussi le caractère administratif de ces mesures non négociées avec eux. Et c'est en octobre 1983 qu'est signé le premier accord interprofessionnel sur l'emploi et la formation des jeunes entre les employeurs et les syndicats. La C.G.T. seule ne le signe pas, étant hostile aux contrats emploi-orientation. Mais, fait décisif, l'insertion professionnelle relève désormais en partie d'une politique contractuelle entre les employeurs et les syndicats.

La troisième étape est la plus longue. Elle se poursuit depuis l'instauration d'une politique de rigueur économique et la restructuration de l'industrie en 1984. Deux cibles sont dorénavant privilégiées: les jeunes mais aussi les travailleurs âgés. Les objectifs de formation rejoignent ceux de la F.P.C.; ils tendent à privilégier la reconversion et une généralisation de l'alternance. De nouvelles mesures sont prises en faveur des jeunes, et qui viennent s'ajouter aux mesures précédentes. Les contrats emploi-formation, déjà révisés en 1983, disparaissent en 1984 au profit de deux nouvelles formules qui s'inscrivent aussi dans le processus d'une montée des contrats de travail temporaire. Ce sont les "contrats de qualification" pour les jeunes non diplômés, avec un niveau de formation correspondant au C.A.P., dont les objectifs, la durée et la rémunération les rapprochent du contrat d'apprentissage. Et ce sont les "contrats d'adaptation à l'emploi" pour les jeunes demandeurs d'emploi diplômés, visant à assurer une formation complémentaire. L'Etat institue aussi en 1984 les "travaux d'utilité collective" ou T.U.C. pour les jeunes sans emploi. Ces T.U.C. ne concernent pas les entreprises mais les associations, les collectivités territoriales et des établissements publics hors des services de l'Etat. Ils sont définis et mis en oeuvre par ces organismes dans le cadre de conventions passées avec l'Etat. Ce sont des travaux à temps partiel, de courte durée, indemnisés comme des stages de formation. Ils concernent des travaux dits de proximité depuis l'entretien d'espaces verts jusqu'à certaines tâches administratives, en passant par des activités d'aides à domicile. On peut signaler aussi d'autres stages comme les "stages d'initiation à la vie professionnelle" ou S.I.V.P., également sans contrat et de courte durée. Les T.U.C. et les S.I.V.P. ont fait l'objet de critiques très vives de la part des syndicats.

L'évolution récente de ces mesures maintient les distinctions entre formation et contrat, avec une multiplicité de formules variables selon le niveau de formation et de qualification, selon l'âge plus ou moins éloigné de l'âge-limite de la scolarité obligatoire (toujours à 16 ans). Chaque année, deux cent mille jeunes demandeurs d'emploi sont en stage de formation, et quatre cent cinquante mille jeunes sous contrats spécifiques. Les formations vont en priorité aux jeunes sans diplôme afin de leur faire acquérir un niveau minimal équivalent de celui d'un C.A.P.. Les contrats demeurent tous à durée déterminée et à temps partiel; et ils sont rémunérés sur la base du S.M.I.C. (de 30% à 75% pour la plupart).

Ce sont toujours les "contrats de qualification" visant l'acquisition d'une qualification professionnelle sanctionnée par un diplôme, et dont une partie croissante a eu tendance à remplacer les embauches dans les entreprises. Ils concernent un champ d'activités très large mais polarisé sur les qualifications ouvrières et d'employés. Les ruptures de contrat sont en augmentation dans certains secteurs comme le bâtiment ou le nettoyage industriel.

Ce sont encore les "contrats d'adaptation" pour des jeunes qualifiés; et rémunérés à 80% du minimum conventionnel de la branche concernée.

Deux autres contrats sont de plus courte durée et moins rémunérés. Le premier est le "contrat emploi-solidarité" (C.E.S.), crée fin 1989 en remplacement des

T.U.C.. Lancé aussi à l'adresse des collectivités locales et des associations, il s'est étendu en fait à l'administration, et plus rarement dans des entreprises. L'autre contrat est le "contrat d'orientation pour l'insertion" ayant remplacé les S.I.V.P. qui vise à faire acquérir une première expérience en entreprise et une formation professionnelle.

Avec les difficultés croissantes d'insertion, le gouvernement a crée en 1993 un "contrat d'insertion professionnelle" pour les jeunes diplômés âgés de moins de 27 ans (et non plus de moins de 25 ans). En 1994 une partie des lycéens et des étudiants se mobilisent pour s'opposer à un nouveau projet gouvernemental de "contrat d'insertion professionnelle" (le "C.I.P."), et obtiennent sa suppression. Ce projet tendait à normaliser un barème de rémunération inférieur au S.M.I.C. (et dans un second temps au salaire minimal de branche) au nom d'une formule de mise en tutorat dans les entreprises des jeunes demandeurs d'emploi d'un niveau de formation égal ou inférieur au B.T.S. et D.U.T..

L'accumulation et les révisions de toutes ces mesures posent de nombreux problèmes. C'est d'abord celui d'une frontière mouvante entre certains de ces contrats et les procédures de l'apprentissage. L'importance croissante de leur nombre, mais aussi de la part qu'y occupe la gestion locale (notamment en matière de collecte et de gestion des fonds de formation) ont contribué à redéfinir le partage des rôles entre les branches professionnelles, les chambres consulaires, les collectivités territoriales et l'Etat. Enfin, une partie des jeunes sont maintenus institutionnellement hors ou en marge du marché du travail (non diplômés mais aussi diplômés). Ils sont insérés dans une zone intermédiaire entre régulation salariale et régulation sociale de solidarité.

Les syndicats, d'une situation d'observateur à celle de partenaire.

Les syndicats ont été confrontés à un véritable bouleversement des systèmes de formation en rapport avec les mutations de l'organisation du travail et du marché de l'emploi. Cette évolution a été inégalement prise en charge par les syndicats. Les syndicats ont donné une priorité à la F.P.C.. Ils ont négocié des dispositifs concernant les adultes sur contrat de travail à durée indéterminée puis sur contrat de travail à durée déterminée. Ils l'ont fait à tous les niveaux. Ils ont aussi négocié des dispositifs pour les adultes privés d'emploi au niveau des branches et surtout au niveau interprofessionnel. Ils ont progressivement intégré les questions de formation initiale avec la montée du chômage des jeunes. Les syndicats à l'écart des pactes pour l'emploi des jeunes dont ils refusaient les logiques de contrat, ont été conduits à en tenir compte et à les intégrer dans les négociations sur la F.P.C.. Un mouvement général de négociation interprofessionnelle a intégré ces mesures, malgré les refus de la C.G.T., et ceux de F.O., dans une moindre mesure (accord d'octobre 1983 sur la formation professionnelle en alternance refusé par la C.G.T., accord de mars 1989 sur l'insertion professionnelle des jeunes refusé par la C.G.T. et F.O., et un accord plus global en juillet 1991 refusé par la C.G.T.). Au niveau des branches et des entreprises les syndicats cherchent notamment à mieux apprécier la part respective consacrée à la formation des adultes financée par les employeurs et la part qui est consacrée aux mesures en faveur des jeunes financée par l'Etat. Les syndicats constatent ainsi plusieurs types de dérives:

- la participation des contrats jeunes à la montée des C.D.D. et au recul des embauches;
- l'importance croissante du recours au contrat de qualification au dépens de l'apprentissage;
- la montée des contrats emploi-solidarité associée à leur utilisation sur des tâches permanentes.

Globalement sensibilisés à ces dérives, les syndicats adoptent en fait des pratiques différentes d'une centrale à l'autre. La C.G.T. et F.O. restent sur une critique de fond de l'ensemble de ces mesures. Elles privilégient leur traitement au niveau interprofessionnel et à celui des branches, tout en refusant de signer. La C.F.D.T., par pragmatisme, au delà de ses critiques, accepte d'entrer dans les logiques spécifiques de chaque contrat. Ainsi elle reconnaît une valeur au contrat de qualification, et même, dans une moindre mesure, au contrat emploi-solidarité. Dans chaque entreprise, elle cherche à accumuler un maximum de mesures négociées pour créer une "dynamique d'insertion". Tous ces syndicats donnent une priorité de fait aux non diplômés par rapport à la C.G.C. qui défend d'abord les diplômés. Face à une diminution et à une précarisation de l'accès à l'emploi, les syndicats ont été poussés à négocier des aménagements compensatoires à la déréglementation du contrat à durée indéterminée. Et les recrutements effectués par les entreprises marquent un décalage avec les normes minimales des conventions collectives. Ils concernent presqu'exclusivement des diplômés à partir du niveau du bac, tandis que les classifications conventionnelles aménagent un espace aux diplômés de niveau inférieur. Une telle déconnexion marque le recul d'un compromis global sur la qualification, alors que la dimension éducative est de plus en plus un objet essentiel des relations professionnelles. Les syndicats privilégient une négociation de la réglementation de l'emploi. Ils assistent en même temps à une montée en puissance de nouvelles formes de coordination locales entre l'Etat, les collectivités territoriales, les entreprises et les associations pour faire face à la situation de l'emploi. Les syndicats oscillent entre une attitude de repli sur la négociation professionnelle et une participation à ces coordinations. Nous reviendrons plus loin sur cet aspect. La complexité des rapports entre la formation et l'emploi contribue, sans doute, à donner une image brouillée ou défensive de l'action syndicale.

Bibliographie.

Charlot B., Figeat M. (1985), Histoire de la formation des ouvriers 1789-1984, Minerve.

Dubar C. (1990), La formation professionnelle continue, Repères, La Découverte.

Eliard M. (1984), L'école en miettes?, Editions P.I.E..

Figeat M. (1994), Les formations alternées: enjeux et effets pervers, Revue du C.E.R.F.O.P., n°9.

F.O. Hebdo (1994), La Loi quinquennale sur l'emploi, supplément au n°2195.

Formation Emploi (1989), L'Enseignement technique et professionnel; repères dans l'histoire (1830-1960), numéro spécial, n°27-28, Juillet-septembre.

Formation Emploi (1991), La formation professionnelle continue, numéro spécial, n°34, avril-juin.

Fourcade B., Ourliac G., Ourtau M. (1992), La négociation des diplômes technologiques: les C.P.C., Formation Emploi, n°39, juillet-septembre.

Méhaut P. (1978), Formation continue, gestion du personnel et marché de la formation, Editions du C.N.R.S..

Monaco A. (1993), L'alternance école-production: entreprises et formation des jeunes depuis 1959, P.U.F..

Schwartz B. (1982), L'insertion professionnelle et sociale des jeunes, La Documentation française.

Syndicalisme Hebdo C.F.D.T. (1995), Spécial insertion-exclusion, mars.

Tanguy L., sous la direction de (1986), L'introuvable relation Formation-Emploi, La Documentation Française.

Tanguy L. (1991), Quelle formation pour les ouvriers et les employés en France?, La Documentation Française.

Villeval M.C. (1993), Politiques de formation de reconversion en Europe, Formation Emploi, n°43, juillet-septembre.

CHAPITRE V

DE NOUVELLES GESTIONS DU PERSONNEL DANS L'ENTREPRISE.

Toutes les évolutions que nous avons évoquées (classifications, organisation du travail, nouveaux contrats de travail, chômage, formation et éducation) mettent en cause les employeurs et leurs politiques d'ajustement au niveau des entreprises. Ces politiques, en ce qui concerne la gestion des personnels, sont marquées par un certain nombre d'objectifs, de rationalités qui sont au coeur des relations entre les employeurs et les syndicats (gestion des effectifs, gestion des compétences), et pour lesquels on peut tenter de dégager différentes tendances.

Traditionnellement la fonction personnel consistait à appliquer des règles stables et collectives pour gérer l'embauche, la rémunération, et plus rarement la mobilité et la formation. La fonction personnel demeurait une fonction administrative, coupée des fonctions plus stratégiques comme celles de production ou de marketing. On a assisté à un mouvement d'intégration de la fonction personnel dans un ensemble complexe d'organisation visant à mobiliser toutes les ressources de l'entreprise. Son espace a été particularisé lors des premières grandes restructurations industrielles des années soixante. Les entreprises ont précisé les règles de chaque procédure (recrutement, formation, mobilité). Elles les ont, ensuite, spécialisées par catégories de personnel, en premier lieu pour les cadres. Et, surtout, une articulation croissante entre ces procédures a contribué à mettre en place un modèle de flexibilité des ressources. D'un champ d'activité administratif, la gestion de personnel tend aussi à être plus prévisionnelle. Gardant un caractère collectif, elle est devenue aussi plus individualisée, plus centrée sur chaque salarié; pour différents problèmes (recrutement, gisements de compétences, développement de filières de mobilité, et, plus récemment, individualisation des salaires). Toutes ces évolutions ont fait qu'elle est restée un enjeu des négociations syndicales. Ces dernières sont marquées par des tensions entre dimensions contradictoires: individualisation des procédures et caractère collectif du droit du travail, flexibilité interne (mobilité) et flexibilité externe (licenciement). D'où les problèmes posés aux syndicats en matière d'appréciation de la pertinence des niveaux de négociation (dans l'entreprise, hors de l'entreprise), et en matière d'acceptation ou de rejet des critères de gestion. Les syndicats ont été notamment placés sous la double contrainte des mesures de flexibilité interne ou externe.

Une surveillance des sureffectifs.

Les entreprises ont mis en place des outils de gestion pour apprécier le niveau et la répartition des effectifs, ainsi que d'autres outils pour contrôler le niveau de formation et de qualification, l'âge et l'ancienneté de leur personnel. Dans un contexte de plein emploi, les entreprises ont cherché à renouveler leur personnel par un suivi des pyramides des âges, et développé des procédures de recrutement et de mobilité interne. Avec la crise de l'emploi, elles ont opéré un contrôle plus serré du niveau global des effectifs, recourant à la notion de "sureffectif". Depuis les années quatre-vingt, elles ont engagé des mesures d'ajustement par un recours plus massif au travail temporaire, puis à des mesures de suppression d'emplois pour réduire leurs sureffectifs.

Leurs pratiques montrent le caractère variable des critères d'appréciation de la notion de sureffectif en fonction des situations, mais aussi de certaines constantes en matière de recours aux mesures de l'Etat et de relations avec les représentants du personnel. Les entreprises peuvent décider d'arrêter une activité considérée comme non rentable. Si cette activité est implantée sur un seul site la question est plus directement posée en termes quantitatifs de suppressions d'emplois. L'entreprise cherchera à amortir le coût des licenciements en recourant aux mesures de gestion sociale de l'Etat. Si l'activité est répartie sur plusieurs sites comportant d'autres activités, l'entreprise prendra en compte les conséquences possibles sur ces activités. Tout en recourant au licenciement et aux mesures de l'Etat, elle traitera de manière différenciée une partie des personnels selon leur activité ou leur qualification. Ce qui peut la conduire à garder des salariés classés au départ comme étant en sureffectif. D'autres projets visent à améliorer la productivité d'une activité suivant des modalités différentes. Lorsqu'il s'agit de mettre en place un nouveau système de production plus performant, fonctionnant avec un nombre réduit d'opérateurs, on ajuste l'effectif en fonction du coût des départs, et on prend davantage en compte les coûts de formation du personnel. Lorsqu'une réorganisation ne correspond pas à un investissement en nouveaux équipements, l'entreprise peut décider du transfert de tout ou partie des activités sur d'autres services, voire les sous-traiter. Quelque soit la situation, on applique les mêmes normes minimales en matière de licenciement collectif, de conversion, de plan social. Et la confrontation entre l'employeur et les représentants du personnel reflète toujours une distance essentielle entre les logiques d'organisation ou de gestion et les principes de défense collective de l'emploi. Les syndicats refusent de cautionner tout licenciement sec et même toute suppression d'emploi. Ils rencontrent une difficulté à formuler des contre-propositions impliquant une logique de tri sélectif des personnes ou l'aménagement des critères de gestion. Mais leur marge d'action devient étroite entre un refus de cautionner la gestion et la recherche d'une amélioration des conditions de départ proposées par la direction. L'objet des compromis entre employeurs et syndicats sont calés sur l'usage des normes de réglementation en vigueur. Ils ont rarement intégré des éléments de réorganisation du travail jusqu'à une période récente, marquée par la relance des négociations sur l'aménagement du temps de travail.

Les projets d'une gestion prévisionnelle.

L'introduction d'une gestion prévisionnelle de l'emploi dans les entreprises correspond, dans la plupart des cas, à une évaluation des besoins en personnel sur une période à venir n'excédant pas trois ans. C'est une démarche souvent liée à des projets de réorganisation suivant des normes financières. Dans les grandes entreprises, elle est généralement précédée par des procédures d'audit des différents sites et services; qui peuvent alerter les salariés et les syndicats. C'est d'abord un acte d'une direction d'entreprise ou d'établissement auquel participe la direction du personnel correspondante. Plus on descend vers les services, plus se pose la question d'associer les chefs de service, et éventuellement d'autres salariés; notamment en fonction des informations à recueillir, dont certaines doivent rester confidentielles. Se posent donc pour les directions des choix tactiques sur le moment et la nature des informations à communiquer au personnel et aux syndicats. C'est, de ce point de vue, un test de l'état des relations sociales de l'entreprise que l'on peut apprécier en fonction de leur degré de formalisation, de leur fréquence et de leur régularité. Deux types de relations sont les plus formalisées dans les entreprises. Ce sont d'abord les relations entre la direction et l'encadrement qui sont marquées par une grande continuité. Ce sont ensuite les relations entre la direction et les représentants du personnel, mais plus discontinues. Les employeurs privilégient deux types d'interlocuteurs suivant les thèmes abordés: les syndicats pour les salaires, et les élus du C.E. pour l'emploi. Selon l'état de chaque relation et leur articulation, on peut relever des schémas différents concernant la préparation ou la mise en oeuvre des projets de gestion prévisionnelle, la divulgation et un aménagement négocié des opérations. Lorsqu'il y a négociation, celle-ci concerne moins les objectifs que les conditions de leur mise en oeuvre. Comme on le verra plus loin, les négociations sont procédurières et situées à un niveau centralisé de l'entreprise et marquent une certaine distanciation par rapport au vécu quotidien des salariés.

Une flexibilisation et une individualisation des procédures.

Les enjeux d'une politique d'emploi d'entreprise concernent non seulement des problèmes de niveau global de l'emploi, mais aussi des problèmes plus spécifiques de qualification et de motivation. La gestion prévisionnelle nécessite, pour déterminer les besoins à venir en personnel, de connaître plus en profondeur les ressources humaines de l'entreprise. Cette connaissance repose depuis longtemps sur les méthodes de qualification et, depuis les années soixante-dix, sur une tendance à une individualisation des procédures de gestion des personnels. Celle-ci vise à repérer les réserves de productivité, de flexibilité pour les mobiliser par rapport à des objectifs de compétitivité.

Plusieurs types de procédures ont été touchés par ces projets. Ce sont d'abord les méthodes de qualification (déjà évoquées) qui ont évolué pour prendre en compte de nouveaux critères plus flexibles (en termes d'objectifs à réaliser et de communication), et plus centrés sur une appréciation des performances individuelles autour des notions de productivité et de résultat. A l'usage des notions de qualification de l'emploi et de l'individu s'est substitué l'usage de la notion de "compétence". La compétence désigne l'ensemble des connaissances scientifiques, techniques et pratiques, des capacités d'animation et d'influence qu'un salarié mobilise dans l'emploi. Elle s'inscrit dans les nouveaux modèles d'appréhension d'une organisation du travail plus complexe et plus flexible en réseaux. En même temps, elle fonde une approche et une classification des différents savoirs à maîtriser dans chaque situation de travail; et elle implique aussi un transfert des savoirs acquis dans chaque emploi, mais aussi dans d'autres activités extérieures à l'entreprise (expérience associative).

Avec la notion de compétence on relativise les critères de classification stables et strictement professionnels auxquels les syndicats restent attachés.

La notion de compétence est aussi une référence pour la gestion de la formation professionnelle continue (F.P.C.) et de la mobilité. Elle est liée à une autre notion, celle de "potentiel". La notion de potentiel est une projection dans l'avenir des compétences, des savoirs et des capacités à acquérir pour l'individu, par rapport aux perspectives d'évolution de l'organisation du travail. Elle est utilisée depuis la fin des années soixante-dix, d'abord pour les cadres puis pour d'autres catégories intermédiaires comme les techniciens. L'association entre formation continue, mobilité et compétence a été un objet des relations professionnelles au plus haut niveau. Un accord interprofessionnel du 3 juillet 1991 (non signé par la C.G.T.) entériné par la loi du 4 janvier 1992 sur la F.P.C. ont institué une nouvelle procédure, les "bilans de compétence". Cette procédure vise à aider les salariés à construire un projet de formation (et implicitement de mobilité) dans le cadre des organisations paritaires de gestion du congé individuel de formation (O.P.A.C.I.F.). Tout salarié volontaire peut s'absenter de son entreprise pour passer un bilan de compétence dans un organisme spécialisé et agrée (le plus souvent un cabinet d'organisation ou de recrutement). Il a le droit de ne pas en communiquer les résultats à son employeur. Une autre procédure de bilan, le "bilan d'évaluation", a été aussi instituée dans le cadre du plan de formation des entreprises. Déclenchée à l'initiative de l'employeur, elle nécessite aussi l'accord du salarié. Les syndicats en dénoncent les effets pervers; notamment son utilisation pour faire le tri des salariés touchés par un plan social.

Les grandes entreprises ont aussi mis en place depuis les années soixante-dix des procédures de notation individuelles pour apprécier leur personnel. Elles sont notamment utilisées pour gérer les affectations et la mobilité. Elles sont l'occasion d'une rencontre annuelle entre chaque salarié et son supérieur hiérarchique au cours de laquelle ils décrivent ensemble l'emploi et son activité; apprécient les performances et la réalisation des objectifs fixés pour l'année écoulée; et discutent des perspectives pour l'année à venir dans le même emploi ou dans un autre emploi. Les échanges sont inscrits dans un document cosigné, qui constitue une "charte" entre le salarié et l'entreprise. Un autre stade plus avancé est celui du passage d'une gestion de la mobilité à une gestion en termes de carrière. La notion de carrière implique la constitution de filières de mobilité organisée entre les emplois, les fonctions et les catégories socioprofessionnelles. Elle suppose d'abord une maîtrise des critères de leur hiérarchisation. Et surtout elle dépend de l'importance et de l'évolution des effectifs de l'entreprise pour assurer la stabilité et le caractère récurrent des filières de promotion ("lignes de carrière"). Elles concernent en priorité les emplois d'encadrement supérieur pour gérer en particulier les passages entre les fonctions techniques et les fonctions administratives ou commerciales; ainsi que, dans certains groupes multinationaux, leur contrôle en fonction du caractère stratégique des établissements. Sur la gestion des mobilités et surtout des carrières, les syndicats ont peu de prise (toutes les filières ne sont pas formalisées ou non communiquées), sauf sur certaines questions touchant les plans de formation ou les plans sociaux. Et lorsque les conditions d'emploi se dégradent, les suppressions d'emplois voire d'établissements entiers, remettent en cause tous les acquis d'une gestion interne. Ils sont relayés par des mesures de flexibilité externe plus ou moins négociées.

Un autre phénomène marquant de la flexibilisation et de l'individualisation des gestions de personnel est celles des salaires. Cette orientation a été prise par les entreprises depuis les années quatre-vingt pour redéfinir les règles en matière d'augmentation annuelle des salaires. Elle vise d'abord à instituer a priori un différentiel entre le taux de progression des salaires et celui de l'inflation afin de peser sur leur ajustement. Et elle distingue pour les salaires, une partie fixe, toujours la plus importante (83% en moyenne sur l'ensemble des secteurs), et une partie variable. Cette dernière est elle-même décomposée en deux parties; soit une partie collective impliquant une appréciation des performances globales de l'entreprise, et une partie individuelle tenant compte des performances de chaque salarié. Dans les grandes entreprises la partie variable et collective inclut les formules de participation ou d'intéressement du personnel. L'individualisation des salaires concerne encore aujourd'hui surtout les cadres supérieurs, et dans une moindre mesure, la maîtrise ou les techniciens. Elle semble paradoxalement avoir surtout progressé dans les entreprises de moins de 200 salariés; entreprises ne disposant pas toujours de tous les outils que nous venons d'évoquer. C'est pourquoi elle se présente le plus souvent sous la forme de primes annuelles allouées au salarié.

Des négociations d'entreprise polarisées et centralisées.

Les négociations d'entreprise ont été relancées par les lois Auroux pour diminuer en intensité vers la fin des années quatre-vingt. Elles ont repris dans les années quatre-vingt-dix. Elles se caractérisent par plusieurs traits d'évolution significatifs des mutations de la gestion des personnels dans les entreprises. Majoritairement et traditionnellement consacrées aux salaires et aux primes, elles enregistrent un mouvement de redéploiement vers les questions non salariales centrées sur les problèmes d'emploi.

Un accord représente la synthèse de toutes les évolutions de la gestion des ressources humaines autour des notions de compétence, et de potentiel, en termes de gestion de la mobilité et de la formation. Cet accord sur la "conduite de l'activité professionnelle", ou Accord C.A.P. 2000, a été signé par tous les syndicats (sans la C.G.T.) chez Usinor Sacilor, le 17 décembre 1990. Il vise à rompre avec une logique dominante des classifications de postes, et de progression des salariés par le jeu des remplacements de postes disponibles ou vacants. La notion de compétence y est introduite et définie par des "savoir-faire opérationnels", que le salarié acquiert par la maîtrise de fonctions successives. La compétence est aussi définie comme une démarche collective pour réaliser des produits. L'accord associe deux types de procédures: des procédures d'évaluation des compétences "requises" ou exigées par les activités exercées, et des procédures de validation des compétences "acquises" ou possédées par le salarié, quelque soit son emploi occupé. Les termes de l'échange entre le salarié et l'entreprise résident dans un engagement du salarié dans l'organisation du travail, dans sa volonté de progresser par la mobilité et la formation continue (et non plus par l'ancienneté et le diplôme), contre des "garanties minimales de carrière". Ces garanties restent néanmoins conditionnées par les mutations techniques, par l'évolution du nombre d'échelons hiérarchiques (avec un problème posé par le recul de la maîtrise), et par l'importance variable des budgets alloués à chaque unité. Seuls les syndicats signataires sont associés au suivi de l'application de cet accord.

Mais, dans l'ensemble, les négociations avec les syndicats sur les nouvelles procédures de gestion du personnel n'ont touché que certaines grandes entreprises. Elles ont été proposées par les directions afin de faire avaliser par les syndicats les nouvelles orientations en matière de gestion de l'emploi. Elles se sont développées dans un contexte d'emploi de plus en plus tendu. Une première phase est centrée sur le thème de la gestion prévisionnelle de l'emploi; elle couvre une période de 1990 à 1993. Une seconde phase, amorcée en 1993, intègre la durée du travail.

Les négociations d'une gestion prévisionnelle ont été lancées par les directions d'entreprises en fonction de deux ensembles de préoccupations. D'un côté les projets cherchent à contrôler l'évolution des effectifs et de la masse salariale. De l'autre, ils proposent un dosage entre des mesures de flexibilité externe et des mesures de flexibilité interne. Les syndicats, opposés par principe aux premières, ont été conduits à se polariser sur les secondes. Ils ont notamment cherché à maintenir un espace minimal de progression à l'ancienneté, et à contrôler le caractère volontaire des mobilités dans l'entreprise. Les négociations ont été concentrées sur le secteur public industriel, et au niveau le plus global de groupes comme Usinor Sacilor ou Thomson. Des négociations ont aussi concerné certaines grandes entreprises des secteurs bancaire ou des assurances, après une renégociation des grilles de classifications.

Un premier exemple est celui de l'accord signé par tous les syndicats (à l'exception de la C.G.T.) le 26 septembre 1990 chez Thomson sur la "gestion prévisionnelle et préventive de l'emploi et des qualifications". C'est un accord de groupe qui concerne 50 000 salariés. Il fixe des orientations générales à mettre en oeuvre à tous les niveaux du groupe. Ces orientations cherchent à concilier une meilleure connaissance des réalités de l'emploi et une maîtrise pour les salariés de leur évolution. Il comporte plusieurs dispositifs d'analyse des emplois, d'actions de formation, de gestion de la mobilité et des carrières; l'ensemble devant être mis en oeuvre en concertation avec les instances représentatives du personnel aux niveaux des sociétés, des divisions et des établissements. Certaines opérations spécifiques sont prévues pour les qualifications les plus basses ou les secteurs les plus menacés. Le dernier point abordé est celui du traitement social des sureffectifs impliquant différentes garanties en matière de reclassement des salariés touchés. L'accord reconnaît le principe du volontariat de la part du salarié. L'employeur s'engage à proposer en priorité une offre d'emploi dans le même site, ou à défaut dans un site voisin, avant toute autre proposition de reclassement externe. Et dans tous les cas, les contrats de travail doivent être à durée indéterminée.

Un autre exemple est constitué par les négociations engagées dans des banques et des entreprises d'assurances. Les négociations d'entreprises ont été précédées par des négociations nationales étalées entre juillet 1990 et juillet 1992 qui ont infléchi plusieurs règles de gestion. Les primes d'ancienneté ont été remplacées par des "primes d'expérience", dégressives avec l'ancienneté, pour tous les salariés à l'exception des salariés de basses qualifications. Ces négociations ont introduit des mesures incitatives à la mobilité. Plusieurs entreprises ont ensuite signé des accords sur la gestion prévisionnelle associant formation et mobilité, et pouvant aussi prendre en compte la gestion de carrière dans un contexte d'emploi moins tendu que celui des entreprises industrielles (accord de l'U.A.P. du 14 mai 1993, non signé par la C.G.T. et F.O.).

La deuxième phase de négociation s'est engagée dans le contexte d'une remontée du chômage. Elle intègre de plus en plus la durée du travail. Elle concerne des négociations à chaud visant à éviter des licenciements ou à réviser des plans sociaux à la baisse. Certaines des entreprises ayant signé des accords de gestion prévisionnelle lors de la phase précédente ont été concernées par ces nouvelles négociations. Elles peuvent impliquer des baisses de salaire visant à compenser les coûts d'une baisse de la durée du travail (accord du 10 novembre 1993 pour une partie du groupe Thomson, non signé par la C.G.T.). D'autres négociations ont été menées à froid dans les banques et les assurances en complément des accords précédents. Elles se sont soldés par des accords jouant sur une multiplicité de formules d'aménagement du temps de travail et pouvant dégager des emplois pour embaucher des jeunes (accord du G.A.N. signé le 19 octobre 1993, sans la C.G.T. et F.O.). Nous reviendrons sur ces négociations dans le chapitre suivant consacré spécifiquement au temps de travail.

Dans tous les cas, on relève un refus de signer de la C.G.T.. Et la plupart de ces négociations ont été menées sans une forte mobilisation des personnels. Ce constat a conduit certaines directions à proposer des formations spécifiques aux syndicats pour participer aux opérations de mise en oeuvre de ces accords; contre des garanties supplémentaires en matière d'exercice de leur délégation. La négociation dans les entreprises des inflexions de la gestion des ressources humaines pose plusieurs problèmes au syndicalisme. Un premier aspect est celui du suivi de l'évolution de multiples dimensions du travail et de l'emploi à travers les secteurs ou les branches, et les entreprises; soit autant de solutions à trouver pour les syndicats et leurs fédérations concernant le recueil des informations, le choix et l'interprétation des indicateurs. Ces derniers reposent sur les procédures instituées par l'administration (bilans sociaux, enquêtes nationales sur l'emploi et la formation). Et l'administration a lancé en 1988 une nouvelle procédure, les "contrats d'études prévisionnelles de branche". Il s'agit de programmes d'études sur l'évolution des emplois, des métiers, des classifications et des gestions de personnels. Financés par la Délégation de Formation professionnelle, ils sont réalisés par contrat entre des syndicats professionnels de branche et des organismes d'études publics et privés. Plusieurs branches comme la métallurgie, la chimie, le textile, les banques ou la grande distribution ont été couvertes. Les employeurs et les syndicats participent au lancement, au suivi et à la synthèse des travaux. Dans certains cas, les résultats de ces travaux ont été utilisés dans les négociations sur les classifications et la formation. Parallèlement, certaines branches mettent en place des observatoires spécifiques dont certaines données peuvent être utilisées par les commissions paritaires de l'emploi et de la formation. Dans l'ensemble la couverture des P.M.E. reste plus aléatoire.

Des questions se posent aussi sur les infléchissements de l'action syndicale que contribuent à accentuer ces négociations. On a assisté depuis la fin des années quatre-vingt à une montée en flèche des accords d'entreprise sur les classifications, sur l'emploi et la mobilité, sur la formation, concernant pour la plupart de grandes entreprises (plus de 500 salariés). Ces négociations construisent un ensemble de clauses ou de procédures spécifiques et articulées autour des axes de la gestion de personnel. Elles participent d'un mouvement de professionnalisation des représentants syndicaux sur les dimensions techniques de la gestion de l'emploi. Cette professionnalisation est associée à une démobilisation des salariés et à un affaiblissement de l'audience syndicale. Ce dernier est à la fois une conséquence et un facteur qui a favorisé les inflexions de la gestion des ressources humaines. Les accords signés dans les entreprises entérinent l'individualisation des procédures. Ce sont d'abord certaines clauses concernant la gestion des mobilités dans les accords sur la gestion prévisionnelle de l'emploi. Ce sont aussi, plus récemment à partir de 1994, des accords qui mentionnent spécifiquement les procédures d'évaluation (entretiens individuels, bilans professionnels, bilans de compétence). L'affaiblissement des syndicats contribue aussi à restreindre le champ des entreprises où on négocie. Les accords touchent de grandes entreprises (500 salariés et plus), dans lesquelles les élections professionnelles restent encore largement favorables aux syndicats. Mais le reflux des adhésions syndicales, les difficultés d'une mobilisation collective peuvent contribuer à accentuer la part de traitement des sureffectifs au dépens d'une gestion prévisionnelle effective.

Les syndicats sont mis en situation de négocier sur des thèmes dont la dynamique reste contrainte par la politique générale des entreprises. Cette domination de fait des politiques générales sur la gestion des ressources humaines rencontre aussi des stratégies multisectorielles, des mouvements de délocalisation des firmes. Ces phénomènes concernent en premier les groupes nationaux ou multinationaux. Ceux-ci cherchent à diversifier et à intégrer plusieurs filières technologiques, à resserrer les liens capitalistiques entre banques et industries; pesant sur la gestion des effectifs et des coûts de travail. Ils imposent une gestion globale ou "transversale" au niveau d'ensembles plurisectoriels. D'où des problèmes d'ajustement pour des organisations syndicales qui reposent sur des partitions fédérales suivant les branches d'activités. Ces dernières sont définies par les partitions des nomenclatures d'activité économique, celles des chambres syndicales patronales et des entités de négociation (par opposition au niveau interprofessionnel ou à celui de l'entreprise). Certaines réponses ont été apportées au niveau de plusieurs fédérations d'une même confédération syndicale. Ainsi la C.F.D.T. a décidé de fusionner ses fédérations de l'énergie et de la chimie pour répondre au rapprochement entre plusieurs grandes entreprises de l'énergie (E.D.F., Total et la COGEMA.). Des questions complexes restent en suspens sur la pertinence des négociations de branche, voire même sur la notion de branche en tant que ciment de l'organisation syndicale. F.O. reste la centrale syndicale la plus attachée au niveau de la branche, perçue comme un lieu spécifique et optimal d'ajustement par la négociation des dispositions acquises par la négociation interprofessionnelle. La C.F.D.T. s'interroge sur sa pertinence, estimant ne pas pouvoir, ni devoir la définir a priori. Elle mène une réflexion sur la possibilité de privilégier un regroupement des salariés en fonction des qualifications ou des "métiers", tout en tenant compte de la transversalité croissante des technologies et des réseaux financiers (filières technologiques ou industrielles).

Bibliographie.

Aubret J., Gilbert P., Pigeyre F. (1993), Savoir et pouvoir: les compétences en questions, collection gestion, P.U.F..

Campinos-Dubernet M. (1995), La gestion des sureffectifs, la fin des illusions des ressources humaines?, Travail et Emploi, n°64, juillet-septembre.

Chatzis K., Coninck de F., Zarifian P. (1995), L'accord A. C.A.P. 2000: la "logique de compétence" à l'épreuve des faits, Travail et Emploi, n°64, juillet-septembre.

Kogut-Kubiak F., Quintero N. (1996), L'individualisation des carrières et des compétences: un objet de négociation, C.E.R.E.Q. Bref n°121, juin.
Lasfargue Y. (1991), Les branches professionnelles vont-elles disparaître d'ici vingt ans?, C.F.D.T. Aujourd'hui, n°103, décembre.
Le Gall J.M. (1992), La gestion des ressources humaines, Que-sais-je n°2646, P.U.F..
Mallet L. (1989), La détermination du sureffectif dans l'entreprise: démarche gestionnaire et construction sociale, Travail et Emploi, n°40, avril-juin.
Merlin L. (1993), Les accords de G.P.E.: une coopération ambivalente, Travail et Emploi, n°57 bis.
Quintero N. (1994), La négociation d'entreprise sur l'emploi: gérer les sureffectifs, C.E.R.E.Q. Bref, n°100, juillet.
Reynaud B., Najman V. (1992), Les règles salariales au concret: enquêtes auprès des grandes entreprises en France, La Documentation française.
Rojot J. (1993), La gestion des relations professionnelles, Cahiers Français, n°262.
Zarifian P. (1985), Le syndicalisme face à l'entreprise industrielle, Sociologie du Travail, n°3, juillet-septembre.

CHAPITRE VI

LA QUESTION DU TEMPS DE TRAVAIL: AMENAGEMENT OU PARTAGE.

La durée du travail était traditionnellement définie par les partenaires sociaux comme un thème des conditions de travail. Du fait de la dégradation du niveau de l'emploi, les relations professionnelles l'ont réintroduite en tant que levier des politiques d'emploi, soit pour contenir la montée du chômage, soit pour créer de l'emploi. La durée du travail a été l'objet d'une réglementation définie par l'Etat et, plus secondairement, par les relations entre employeurs et syndicats. On constate une montée de la question de la réduction du temps de travail par rapport à plusieurs problématiques ou logiques concurrentes en termes d'aménagement du temps de travail ou de partage du travail.

Des formes d'aménagement réglementées plus que négociées.

Trois mesures d'aménagement du temps de travail ont été développées au cours des années quatre-vingt. Elles impliquent ou non une réduction de la durée du temps de travail (R.D.T.T.). Initiées par l'Etat, deux d'entre elles ont été l'enjeu de négociations entre les employeurs et les syndicats limitées aux conditions de leur mise en oeuvre à différents niveaux d'activité.

Une des mesures les plus anciennes est la fixation par l'Etat de la durée légale du travail sur une base hebdomadaire. Une ordonnance du 16 janvier 1982 fixait à 39 heures la durée légale hebdomadaire au nom du progrès social et pour relancer l'emploi. Les conditions d'application devaient être négociées au niveau des entreprises ou des branches autour de plusieurs thèmes proposés comme la fixation des quotas d'heures supplémentaires, ou celle des compensations en matière de salaire. L'Etat proposait une compensation intégrale, à l'exception des salaires les plus élevés. Il souhaitait aussi instaurer un nouvelle dynamique de relance de l'emploi par une négociation dans les entreprises industrielles des conditions d'une durée d'utilisation plus longue des équipements. On a enregistré une multiplication des accords d'entreprise sur le passage aux 39 heures, la plupart intégrant une compensation intégrale des salaires. Mais peu d'accords étaient accompagnés d'une réorganisation. La C.F.D.T. était la seule organisation syndicale à proposer une compensation dégressive pour créer des emplois. Différents accords, le plus souvent dans le secteur public, sous l'impulsion de la C.G.T., ont instauré des durées inférieures à 39 heures (38 heures à la R.A.T.P., chez Air France, au C.E.A., à la S.N.C.F., chez Elf; 37 heures à la F.N.A.C., dans les collectivités locales ou les caisses d'épargne).

Une autre mesure, plus récente, et réglementée aussi par l'Etat dans une ordonnance du 26 mars 1982, est le temps partiel. Le temps partiel correspond à un travail effectué de façon régulière et volontaire pendant une durée plus courte que la durée normale (soit un minimum d'un cinquième selon l'ordonnance de 1982). Le temps partiel s'est développé à partir des années quatre-vingt. Il représente 16% des emplois en 1995. Il concerne surtout des femmes (29% des emplois occupés par des femmes) et reste concentré sur des secteurs tertiaires (Fonction publique, grande distribution, et commerce de détail). Mais d'une mesure d'aménagement des conditions de travail dans une société de croissance de l'emploi (notamment tertiaire), il est devenu un levier d'ajustement des gestions d'emploi de tous secteurs pour répartir l'emploi disponible ou pour réguler les embauches. Le temps partiel équivaut en moyenne sur l'ensemble des secteurs à 51% d'un temps complet. La montée du chômage et le niveau de salaire généralement bas des secteurs où il est le plus utilisé pèsent sur le caractère volontaire de son acceptation par les salariés. Ils peuvent aussi en accentuer le caractère discriminatoire à l'égard de l'emploi féminin. Le temps partiel bénéficie de conditions plus favorables dans le secteur public (travail à 80% rémunéré à 85%, et possibilité garantie de retour à temps complet). Les syndicats en tiennent compte dans des négociations qu'ils ont menées dans les entreprises et les branches. La C.G.T. et F.O. restent les plus attachées à la norme du travail à temps plein. La C.F.D.T. et la C.G.C. tiennent davantage compte des contraintes pesant sur l'emploi, et d'une évolution des mentalités qui contribuent à légitimer ce type de travail. Mais tous les syndicats tendent à contrôler le caractère strictement volontaire du recours au temps partiel.

Une troisième formule d'aménagement n'a pas d'incidence directe sur la durée du travail; ce sont les "horaires variables" présentés par les entreprises comme un moyen d'assouplir les conditions de travail et de vie quotidienne des salariés. Autour d'une plage d'horaires fixes, les salariés ont la possibilité de choisir des plages mobiles en début ou en fin de journée. C'est pourquoi ces horaires se sont d'abord développés dans les zones de grandes concentration urbaine par rapport à la durée plus longue des trajets entre domicile et lieu de travail. Ils sont plus difficiles à appliquer dans l'industrie que dans le tertiaire pour des raisons d'organisation et de contraintes techniques des processus. Ils ont pu être le vecteur d'un retour à des contrôles plus stricts des horaires. Et, surtout, ils ont pu constituer une mesure de flexibilité préalable à d'autres projets comme celui d'une annualisation des horaires de travail. Les syndicats attachés à l'unité des collectifs de travail y étaient au départ opposés. Avec les mutations de l'organisation du travail (en termes de réseaux, de collectifs et de gestion par projet) et l'évolution de l'emploi, ils ont fini par les accepter pour en contrôler les dérives.

L'évolution des rapports au temps de travail en France restera ancrée jusqu'au début des années quatre-vingt-dix sur une approche globale davantage en termes d'aménagement que de stricte R.D.T.T., malgré l'émergence à travers toute l'Europe d'un mouvement de revendication pour les 35 heures. Les syndicats allemands sont à la pointe du mouvement pour réduire une durée du travail hebdomadaire restant fixée à 40 heures. Le secteur de la métallurgie est agité au printemps 1984 par une grève de sept semaines portant la revendication d'une R.D.T.T. progressive à 35 heures sans diminution de salaire. Les métallurgistes allemands obtiennent 38 heures trente au terme de cette grève, avec la perspective d'atteindre les 37 heures en 1989. Ce qui a pour effet d'entraîner les autres secteurs en dessous des 40 heures. En 1988, le secteur public signe un accord sur les 38 heures, avec un passage à 37 heures en 1989, et à 36 heures trente en 1990. En mai 1990 le syndicat de la métallurgie (I.G. Metall) signe une convention qui organise un passage par étapes aux 35 heures (36 heures en 1994, 35 heures en octobre 1995). Les R.D.T.T. ont été obtenues dans tous les cas sans diminution de salaire, gagées sur les gains de productivité dont une partie a été consacrée aussi à la création d'emploi. Elles montrent l'efficacité d'une mobilisation et d'une négociation par branches. Cependant, elles ont été différenciées entre le secteur privé et le secteur public par rapport au rythme des augmentations de salaires; soit une moindre progression des salaires au profit d'une R.D.T.T. plus forte dans le privé, et l'inverse dans le secteur public. Mais dans le secteur privé, le patronat lie aussi les négociations sur la R.D.T.T. avec celles d'une flexibilité du travail. Il revient sur la semaine de cinq jours de travail et deux jours de repos.

En France, autre méthode, autres niveaux de négociation. Les partenaires sociaux sont sensibilisés à la situation allemande. Mais l'Etat continue de peser sur les orientations en matière d'aménagement et de R.D.T.T.. Ainsi en 1984, il relance les "contrats de solidarité" (institués sans beaucoup d'impact en 1982). Toutes les R.D.T.T. hebdomadaire d'au moins deux heures peuvent être aidées financièrement par l'Etat pour une tranche comprise entre 19 et 30 heures. Les entreprises bénéficiaires de ces aides ne doivent pas procéder à des licenciements économiques. Mais en même temps elles peuvent utiliser les allocations spéciales de préretraite du F.N.E.. Les contrats de solidarité nécessitent un accord avec les syndicats de l'entreprise. En 1985-1986 un débat social est engagé autour des effets escomptés d'une R.D.T.T.. Un rapport remis au premier ministre situe la R.D.T.T. dans le cadre d'une réflexion générale sur ses relations avec les gains de productivité, la diversité des coûts du travail et des potentiels de marchés entre les secteurs. Il propose de mener la R.D.T.T. de manière décentralisée et sélective, et de jouer, lorsque cela est possible, sur un allongement de la durée d'utilisation des équipements. En février 1986 la loi Delebarre rend obligatoire des mesures de R.D.T.T. lors de toute négociation sur l'aménagement du temps de travail, sans poser directement le problème des compensations salariales. A part la C.F.D.T., tous les syndicats refusent tout gel ou toute diminution de salaire. Cette loi est supprimée et remplacée par la loi Seguin de juillet 1987, selon laquelle la R.D.T.T. n'est plus qu'une contrepartie possible de toute réorganisation ou aménagement du temps de travail. Les négociations sont relancées au niveau interprofessionnel début 1988. Elles sont conclues par un accord du 21 mars 1989 sur l'aménagement du temps de travail, signé seulement par la C.F.D.T. et la C.G.C.. Il propose des négociations de branches sur tous les aspects économiques, techniques et sociaux de l'aménagement du temps de travail. Et il fixe aussi plusieurs dispositions restrictives ou de contrôle sur le recours aux heures supplémentaires, sur l'aménagement du travail en continu, sur le travail à temps partiel. En fait, de 1989 jusqu'à 1992, l'Etat relance les mesures d'encouragement au temps partiel par des exonérations fiscales (loi du 20 décembre 1992). Et les négociations de branches restent bloquées.

La relance de la réduction du temps de travail en 1992-1993: une négociation contrainte et dispersée pour les syndicats.

La poussée du chômage en 1992 et 1993, les constats d'une baisse mesurée de la durée moyenne annuelle du travail (soit 15% entre 1970 et 1990) comparée aux gains de productivité (pouvant atteindre 2% par an à certaines périodes) sont des faits qui contribuent à relancer deux questions, celles d'une R.D.T.T. et d'un "partage du travail". La question de la R.D.T.T. est encore l'objet de débats contradictoires entre experts, entre partenaires sociaux sur le fait qu'elle soit négociée avec ou sans l'Etat, qu'elle soit uniforme ou diversifiée, immédiate ou progressive; ou qu'elle soit compensée ou non, partiellement ou totalement sur le plan des rémunérations. Une partie des débats porte aussi sur l'opportunité d'un recours au blocage des salaires ou à des formules visant à contenir leur progression. Le thème du partage du travail est introduit par les défenseurs d'une thèse selon laquelle les perspectives de création d'emplois sont limitées par les gains de productivité et le ralentissement de la croissance. Il soulève aussi le problème des revenus et de leur répartition, dans des termes différents, selon qu'ils concernent une ou plusieurs entreprises et branches, ou un contrat social plus large. Le partage du travail est aussi associé à certains modèles plus utopiques en matière de redistribution des revenus et des activités.

En 1993 s'engagent des négociations au niveau des entreprises sur des thèmes multiples. Certains d'entre eux seront aussi négociés au niveau interprofessionnel, et plus tard au niveau des branches, notamment par rapport à certaines dispositions fixées par l'Etat dans le cadre de la loi quinquennale pour l'emploi de décembre 1993 (temps réduit, annualisation des horaires de travail). Les négociations sont plus tendues dans l'industrie que dans le tertiaire. Mais on relève aussi certaines convergences de contenu des accords sur le recours au temps partiel, sur l'institution d'un chômage partiel permanent; avec une montée des clauses de non compensation salariale, mais aussi une innovation, la "retraite progressive".

Dans l'industrie le problème de la réduction des horaires sans compensation salariale est plus immédiatement posé. On relève une minorité d'accords négociés à froid (sans menace de licenciements). Ces accords visent à limiter le recours aux C.D.D. ou à embaucher des chômeurs de longue durée par une réduction des horaires et des augmentations de salaires. La C.F.D.T. et la C.G.C. signent seules un accord en mars 1993 chez Rhône Poulenc. Cet accord inaugure une nouvelle formule de préretraite, la "retraite progressive", selon laquelle des salariés âgés de 55 ans (et non de 57 ans) acceptent de passer à temps réduit ou à mi-temps avec 70% de leur salaire pour libérer des emplois. Le F.N.E. prend le relais à partir de 57 ans jusqu'à l'âge de la retraite définitive. La plupart des accords signés dans l'industrie en 1993 sont conclus sous la menace d'un licenciement collectif. Ils jouent à la fois sur une réduction des horaires et des salaires, et sur les mesures du F.N.E.. On peut évoquer ici le cas de l'accord du 10 février 1993, signé chez un constructeur de grues pour le bâtiment, l'entreprise Potain, employant 1600 personnes. Cet accord, signé par la C.G.T., la C.F.D.T. et la C.G.C., visait à réduire des licenciements par une diminution des horaires et des salaires et des mises en préretraite. La réduction des horaires était étalée suivant deux phases: une première phase marquée par le passage de 38 heures trente à 38 heures sans perte de salaire; une seconde de 38 heures à 35 heures avec perte de salaire après épuisement d'un contingent annuel de 135 heures de chômage partiel par salarié. La mise en oeuvre de cet accord bute sur les différences en matière de plans de charge entre les établissements. Une dizaine de cadres seront licenciés suivis, plus tard, par d'autres licenciements. On relève dans l'industrie le poids des contraintes de la conjoncture économique sur les marchés. Celles-ci conduisent l'Etat à rapprocher les mesures de R.D.T.T. pour compenser des baisses d'activité durables et éviter des licenciements, des mesures de traitement du chômage partiel. Il introduit, dans le cadre de la loi quinquennale de décembre 1993, la notion de "temps réduit indemnisé de longue durée" (T.R.I.L.D.). Un accord interprofessionnel est signé en mai 1994, sans la C.G.T. ni F.O., suivi de plusieurs accords dans de grandes entreprises. Il instaure, dans le cadre du F.N.E., un nouveau système d'indemnisation compensatoire des réductions d'horaires pour raison de baisse d'activité durable (et non momentanée comme pour le chômage partiel). Le financement est tripartite (assuré par l'entreprise, l'U.N.E.D.I.C. et l'Etat). La vague des négociations de 1993 dans l'industrie est aussi notamment marquée par les difficultés à mettre en oeuvre une réorganisation du travail susceptible d'accentuer une réduction du temps de travail davantage compensée pour les salaires par les gains de productivité. Exceptionnellement, on relève un accord signé par tous les syndicats en janvier 1993 chez Hewlett Packard, constructeur de matériels informatiques. Il évite la suppression d'une petite unité (un atelier de fabrication) par le passage à des horaires continus assurés par deux équipes de jour et quatre équipe de nuit alternantes. La diminution des coûts de production permet de ramener les horaires moyens à 35 heures payées 39. A partir de 1994, plusieurs accords, dans des entreprises de biens de consommation, liés à l'annualisation du temps de travail, ménagent des plages de travail de quatre jours sans baisse de salaire ou avec des baisses inférieures ou égales à 3%, contre des créations d'emplois. Ainsi un accord est signé en décembre 1994 par tous les syndicats chez Pasquier, entreprise de viennoiserie de 1100 salariés. Cet accord vise à répartir le travail en fonction des variations de la production. Il instaure plusieurs modes d'organisation du travail par équipes, sur des cycles de travail hebdomadaires ou sur plusieurs semaines, incluant ou non une partie du week end. L'horaire moyen est abaissé à 33 heures hebdomadaires pour 10% d'emplois crées.

Les négociations conduites dans le secteur tertiaire sont restées largement polarisées sur les banques et les assurances. Elles ont produit une dominante d'accords de mesures d'aménagement (temps partiel, horaires variables), avec aussi certaines formules comme la retraite progressive afin de dégager de l'emploi. Plusieurs accords, signés dans des banques (Crédit agricole) ou des compagnies d'assurances (U.A.P., Axa) en 1993, visent à instaurer une synergie entre toutes ces mesures articulées autour d'une annualisation des horaires, ainsi qu'à embaucher sur des C.D.I.. Ils s'inscrivent dans des projets de réorganisation plus larges. Ces projets distinguent le nombre de journées de travail par salarié et celui de l'entreprise, soit respectivement quatre jours et six jours hebdomadaires. Un compromis signé récemment en avril 1996 au Crédit Lyonnais avec deux syndicats seulement, la C.G.C. et la C.F.T.C., privilégie l'ouverture des services six jours sur sept. Il implique de multiples mesures d'aménagement annualisées, des mesures de préretraite contre des embauches; soit un équivalent de 37 heures de travail hebdomadaires en moyenne. La C.G.T. et F.O. ont refusé de signer, estimant insuffisant le nombre d'embauches compensatoires et critiquant la perspective d'annualisation. La C.F.D.T. a refusé aussi de signer en fonction de la perspective d'une R.D.T.T. limitée à 37 heures.

Par rapport à cette phase de relance des négociations d'entreprises en France, plusieurs secteurs ont mené des négociations en Allemagne pendant la même période. Après la métallurgie, la chimie, les mines et la sidérurgie ont instauré les 35 heures. Après une remontée du chômage, on a assisté à un glissement des revendications pour 32 heures. Dans un contexte de tension de l'emploi, I.G. Metall et la direction de Volkswagen ont signé un accord en novembre 1995 établissant la durée du travail hebdomadaire à 28,8 heures sur quatre jours. Cette réduction de la durée du travail est accompagnée d'une réduction des revenus de 11%, obtenue par une diminution des primes et un ralentissement de la hausse des salaires.

Pratiques et positions syndicales.

Si tous les syndicats français sont partisans d'une R.D.T.T., ils restent divisés sur ses modalités. La liste des sujets en discussion ou en suspens est longue:
- part respective d'une R.D.T.T. et de mesures plus strictes d'aménagement (temps partiel);
- importance de cette R.D.T.T. (37, 35, 32 heures);
- en référence exclusive ou non à une durée hebdomadaire, à une durée annuelle;
- par rapport à une réorganisation du travail pouvant impliquer notamment le travail le samedi, voire le dimanche;
- selon une forme généralisée ou négociée par branche ou par entreprise, avec ou sans le butoir d'un calendrier fixé par la loi;
- sur le principe ou non d'une réduction des salaires, et, dans l'affirmative, pour quelles tranches, contre quelles formes de compensation (embauches, temps libre);
- sur la signification et l'acceptation de la notion de "partage", soit pour répartir l'emploi disponible, soit en raisonnant en dynamique.

La C.G.C., et surtout la C.F.D.T., signent le plus fréquemment les accords. Elles opèrent une distinction entre des "mesures pour sauver des emplois" et des "mesures pour de nouvelles embauches", notamment des jeunes. Un comptage opéré par la C.F.D.T., fin décembre 1994 sur 65 accords d'entreprises, recense 11000 emplois sauvés pour 4500 emplois crées. La C.G.C. et la C.F.D.T. tablent sur la multiplicité des formules (temps partiel, préretraite, retraite progressive, réduction d'horaire). Elles sont les plus sensibilisées à des aménagements en référence à des plages de durée annuelle (voire pluriannuelles pour la C.G.C.). Elles privilégient la notion de "temps libéré cumulé", plutôt qu'une "réduction symbolique" quotidienne ou hebdomadaire. Elles acceptent de négocier une compensation salariale partielle, à la condition qu'elle soit liée à d'autres formes de compensations: congés, et surtout embauches. La C.F.D.T. prône une solidarité des salariés les mieux payés envers les bas salaires. "Réalistes" sur le temps partiel ou les aménagements d'horaires, par rapport à la notion de "temps choisi", elles acceptent aussi de faire ratifier les accords par la procédure de référendum auprès des personnels. Elles établissent aussi une relation avec un droit à une période de durée minimale pour la formation pendant la vie active (soit au moins 10% du temps de travail). Et pour la C.F.D.T. tout salarié a droit à une R.D.T.T. en fin de carrière (retraite progressive).

La C.G.T. et F.O. critiquent la notion de "temps choisi", parce qu'elle correspond à une situation de fait où les R.D.T.T. sont imposées avec diminution de salaire, et parfois compensées par du temps libre. Elles la lient aussi avec une logique discriminatoire de répartition du travail à temps partiel, concernant essentiellement les femmes pour des emplois moins qualifiés. La C.G.T. et F.O. sont aussi méfiantes sur la distinction entre "mesures de défense de l'emploi" et "mesures de création d'emploi", parce qu'elles estiment que les frontières sont remises en cause par l'évolution des marchés, et par l'usage de la productivité tout en pesant sur les salaires. Elles sont plus attachées aux mesures strictes de R.D.T.T. en référence à la durée hebdomadaire, et sans perte de salaire. Or la loi quinquennale a consacré la référence à la durée annuelle, avec des aménagements évoqués par rapport aux seules contraintes des durées maximales du travail quotidienne (10 heures) et hebdomadaire (48 heures). Cette loi propose aux entreprises et aux branches de négocier à la fois ces durées maximales et de négocier pour fixer une durée annuelle, l'ensemble pouvant intégrer une R.D.T.T.. Et la C.G.T ou F.O. n'envisagent de négocier des marges de non compensation salariale que dans le cadre d'une R.D.T.T. massive.

Le caractère hétérogène, et parfois implicite, des positions syndicales concerne aussi le niveau des négociations souhaitable, ainsi que les rapports entre cette négociation et l'intervention de l'Etat; pour élargir le niveau des négociations ou déterminer, par exemple, une date limite à l'ensemble des négociations. La C.G.T. et F.O. soutiennent l'idée d'une loi-cadre venant conclure un processus initié par l'Etat, s'attaquant au chômage massif, et impliquant à la fois les niveaux interprofessionnel et des branches. Mais le C.N.P.F. reste opposé à toute négociation globale, surtout interprofessionnelle de la R.D.T.T.. Il a aussi cherché à circonscrire les négociations de branches sur des thèmes comme le temps partiel ou les heures supplémentaires. Néanmoins la permanence du sous-emploi, malgré les mesures de flexibilisation de la législation du travail, ont conduit l'Etat à agir pour relancer des négociations interprofessionnelles sur l'aménagement du temps de travail, ainsi qu'à évoquer la R.D.T.T. à ce niveau. Un accord interprofessionnel a été signé le 31 octobre 1995 par tous les syndicats, sauf la C.G.T.. Cet accord évoque explicitement la R.D.T.T. dont la négociation est renvoyée au niveau des branches. Mais il s'inscrit aussi dans une logique d'annualisation, tout en privilégiant les questions sur les heures supplémentaires et le temps partiel. Cet accord couvre une période de trois ans pendant laquelle seront engagées des procédures de bilan de l'avancement des négociations. Un autre accord, conclu le même jour, aborde les conditions de négociation dans les entreprises sans représentation syndicale. Les modalités proposées sont dans l'esprit de celles de la loi quinquennale, soit un regroupement des autres fonctions de représentation (délégués du personnel ou au C.E.). La C.G.T. et F.O. n'ont pas signé cet accord le considérant comme antisyndical. Les négociations engagées dans les branches restent calées sur la flexibilité et l'annualisation du temps de travail. Un accord a été conclu dans la métallurgie le 3 mai 1996, et signé par deux syndicats seulement, la C.G.C. et F.O.. Il répartit les horaires de travail annualisés en périodes de durée variable, calculée sur la base d'une durée moyenne hebdomadaire; avec des pointes possibles de 46 heures par semaine jusqu'à douze semaines consécutives. Des possibilités sont offertes pour l'employeur de ne jouer que sur les seules heures supplémentaires. Parmi les principales compensations offertes aux salariés, on relève des majorations de salaire, et des journées de congés supplémentaires pouvant équivaloir à une sixième semaine de congés (revendiquée par F.O.). La C.G.T. et la C.F.D.T. ont refusé de signer, condamnant des dispositions de flexibilité sans R.D.T.T. de la durée normale (38 heures trente), ni dispositions pour l'embauche.

Une telle situation explique en partie les difficultés qu'ont les syndicats à déterminer une durée normative comme objectif à atteindre. Ainsi le caractère symbolique des 35 heures a été remis en cause par la situation de l'emploi et les pratiques d'annualisation encouragées par l'Etat. Tous les syndicats, et en premier la C.G.T. et la C.F.D.T., ont repris dans les années quatre-vingt le slogan des 35 heures, notamment au moment des premières grandes mutations technologiques. Mais, plus récemment en 1993, ils ont peu réagi au débat lancé par des experts sur les 32 heures et la semaine de quatre jours, parce qu'ils impliquaient des réductions de salaires et davantage de flexibilité. Seule, la C.F.D.T., lors de son congrès de mars 1995, sous la pression de sa base a adopté les 32 heures pour relancer l'embauche.

Un autre thème est soulevé par les partenaires sociaux à propos du temps de travail. C'est celui des écarts entre les législations nationales du travail qui contribuent à peser sur l'emploi des pays les plus avancés, dans le cadre de la compétition internationale. Les syndicats dénoncent en premier les pays qui n'appliquent pas les droits élémentaires de l'Organisation internationale du travail (liberté syndicale, droits de négociation collective, interdiction du travail des enfants) pour exploiter à bon marché la main-d'oeuvre. Ces pays sont des lieux de sous-traitance et de productions délocalisées qui concurrencent nos industries de main-d'oeuvre (habillement, textiles). Les syndicats soulignent aussi la nécessité d'introduire des clauses sociales dans les négociations commerciales à l'échelle internationale. Les syndicats patronaux sont aussi sensibilisés à ces aspects tout en les intégrant dans des projets de réduction des coûts salariaux et des charges sociales. Syndicats patronaux et syndicats de salariés peuvent se rejoindre et réclamer ensemble des mesures de protection dégressives avec un alignement progressif des coûts salariaux et de la durée du travail.

Un débat élargi aux notions d'activité et de pleine activité alertant les syndicats.

La question des relations entre la R.D.T.T. et une relance de l'emploi soulève une autre question, celle de la place du travail salarié dans l'économie et la société. La montée du chômage associée aux mutations contribue à rompre les liens stricts entre croissance économique et création d'emploi. D'où des remises en cause de la notion de "plein emploi" et l'apparition d'un nouveau concept, la "pleine activité". Cette notion s'inscrit dans une logique de répartition et de partage des activités. Elle consiste à substituer aux solutions du plein emploi assurées par L'Etat providence et une croissance forte, un nouveau schéma des rapports au travail et à l'emploi. La pleine activité est présentée comme une alternance organisée dans chaque cursus individuel entre plusieurs périodes; soit des périodes d'emploi salarié, de formation et d'autres activités, à temps plein ou à temps partiel. L'emploi salarié devant être pris en charge par les employeurs, et les autres formes d'emploi par la collectivité nationale. La C.F.D.T. est la centrale syndicale qui est la plus sensible à cette approche parce qu'elle y retrouve des convergences avec des projets de développement du temps choisi et de la formation. Mais elle reste plus interrogative sur d'autres aspects. La C.G.T. et F.O. y sont hostiles. Car des questions restent posées sur la nature des emplois, surtout dans le contexte d'une montée des contrats de travail précaires. Cette approche soulève le problème des formes de contrats et de statuts, des procédures de leur réglementation, notamment par la négociation collective. Elle implique, à terme, une remise en cause du code du travail. Parmi les formules proposées par des experts ou certains représentants du secteur associatif, deux d'entre elles ont eu le plus d'écho.

La première proposition est celle d'un "statut de l'actif", visant à favoriser l'exercice par une même personne de deux mi-temps dans des activités différentes, soit deux activités salariées dans deux entreprises à la fois, soit une activité de salarié couplée avec une activité à son compte. Elle maintient une distinction entre deux statuts différents, celui de salarié et celui de travailleur indépendant. L'autre proposition est celle d'un contrat unique ou "contrat d'activité". Ce contrat impliquerait plusieurs entreprises, associations et organismes de formation. Il serait conclu pour une durée de cinq ans. Il comporterait un contrat de travail marquant l'embauche par l'une de ces organisations. Mais il ménagerait des périodes de durée variable en entreprise, en formation et dans une association.

Les syndicats lient le statut des salariés à la nature du contrat de travail. Toutes les formes de contrats marquant un écart avec un contrat signé pour un travail à temps plein et sur une durée indéterminée sont considérées comme étant "atypiques", et, en conséquence, condamnables. Les syndicats, avec des nuances, peuvent envisager de particulariser la situation d'ensemble des salariés sur contrat ou statut atypiques, pour améliorer les mesures de leur protection. Mais ils restent fondamentalement attachés au caractère synallagmatique, c'est à dire d'exclusivité, d'équivalence et de réciprocité, de tout contrat de travail passé entre un employeur et un salarié, même lorsque ce dernier a plusieurs employeurs. Ils refusent un statut formalisé et unique d'actif. Ils refusent toute identification, toute assimilation entre travail rémunéré et formation, entre travail salarié et travail indépendant. Et ils sont hostiles à toute substitution globale aux principes du droit du travail.

Bibliographie.

Autrand A. (1987), Les syndicats et le temps de travail; revendications confédérales et pratiques des acteurs dans trois secteurs industriels, C.R.E.S.S.T., Université Paris-Sud, février.

Boissonnat J. (1995), Le travail dans vingt ans, Commissariat général du Plan, Editions Odile Jacob, La Documentation française.

Burdillat M., Charpentier P. (1995), Les préretraites progressives, entre gestion des sureffectifs et partage du travail, G.I.P. Mutations industrielles.

Cette G., Taddéi D. (1994), Temps de travail, Modes d'emploi; Vers la semaine de quatre jours?, Textes à l'appui, La Découverte.

C.F.D.T. (1995), Dossier de presse sur l'analyse de 208 accords en matière de R.D.T.T., février.

Futuribles (1992), Temps de travail, numéro spécial, n°165-166, mai-juin.

Nikonoff J. (1995), Pour un compromis historique, Le Monde, 31 mai.

Rigaudiat J. (1993), Réduire le temps de travail, Syros.

Valette F. (1993), Partage du travail, Logiques sociales, L'Harmattan.

CHAPITRE VII

DU BASSIN D'EMPLOI A L'EUROPE SOCIALE.

Les syndicats sont impliqués dans de nouveaux espaces au niveau local, régional et européen. Sous l'impulsion de l'Etat se sont instaurés de nouveaux réseaux de relations entre plusieurs institutions à l'échelle territoriale impliquant les collectivités territoriales, les employeurs, les administrations, les associations et les syndicats. L'emploi et l'activité économique sont au centre de ces relations. Les syndicats y retrouvent certains thèmes abordés dans les relations professionnelles, mais aussi d'autres questions comme celles de l'aide sociale et des aides aux entreprises, qu'ils acceptent ou non de prendre en charge. Les syndicats sont aussi associés au développement d'institutions et de relations dans le cadre de l'Union européenne. Ils cherchent à se situer par rapport aux axes et aux perspectives de développement de l'Europe sociale. Ils y participent, à des degrés divers, selon des modes d'action visant à dépasser les limites ou l'hétérogénéité des réglementations nationales et européenne.

Les retombées de la Décentralisation: collectivités territoriales, comités de bassin d'emploi et zones de conversion.

De nouveaux rapports ont été institués entre l'Etat et les collectivités territoriales par la loi de Décentralisation du 2 mars 1982, et la loi du 7 janvier 1983 sur les transferts de compétences. La région, le département et la commune ont été investis de nouvelles prérogatives dans de nombreux domaines (urbanisme, logement, transports, éducation et formation professionnelle, action sociale, aménagement et développement). Certaines d'entre elles concernent directement l'emploi et l'activité. L'Etat a aussi mis en place ou encouragé des structures spécifiques et particularisées sur la conversion ou l'emploi.

La région devient une collectivité à part entière, un lieu privilégié d'intervention économique, de coordination des investissements publics. Elle est chargée de définir et de mettre en oeuvre des plans de développement, après consultation des autres collectivités de son territoire. C'est la région qui dispose de la gamme la plus étendue en matière d'aides économiques. Elle définit des "schémas directeurs" pour les grandes infrastructures (transports, pôles technologiques et de recherche). Elle a des prérogatives croissantes en matière de formation (création et gestion de C.F.A., programmes et fonds régionaux de F.P.C.). La région est administrée sous le contrôle des élus du Conseil régional. Un organe consultatif représente les partenaires économiques et sociaux dont les syndicats, le Comité économique et social régional. La région est aussi un niveau privilégié de la planification à travers la procédure des "contrats de plan" conclus entre chaque conseil régional et le préfet.de région. Les contrats de plan concernent directement des actions d'aménagement et de développement en direction des entreprises et des secteurs. Elles impliquent des actions sur l'emploi et la formation.

Le département reste un échelon privilégié des services administratifs de l'Etat, notamment en matière de prestations et d'aides sociales. Il a aussi des compétences en matière d'aménagement, de transports, avec des incidences sur l'emploi. Il est le pivot des actions locales de solidarité, de lutte contre l'exclusion. Il est aussi le lieu de certaines structures d'aides aux entreprises comme les comités départementaux pour le financement (CODEFI.), chargés de régler notamment les difficultés de trésorerie ou les contentieux fiscaux des P.M.E.. Les syndicats sont consultés sur une partie des dossiers traités.

Les communes ont des capacités d'intervention élargies en matière d'urbanisme et d'aménagement des zones industrielles ou artisanales. L'Etat a aussi encouragé la coopération entre communes (schémas directeurs intercommunaux ou chartes intercommunales) par différents systèmes de dotations. Cette dynamique a notamment contribué au lancement des "technopoles".

En définitive, au sein de chaque collectivité territoriale et entre différentes collectivités, des structures de coopération ont été mises en place pour des actions de gestion économique et sociale. Avec la conjonction du chômage et des problèmes d'emploi sur l'ensemble du territoire, l'Etat a institué deux types de structures particulières. La première associe directement plusieurs partenaires dont les syndicats; ce sont les "comités de bassin d'emploi". La seconde, sous l'autorité directe de l'Etat, les associe indirectement; ce sont les "pôles de conversion".

Une circulaire du 27 janvier 1982 crée des "comités locaux de l'emploi", rebaptisés "comités de bassin d'emploi" (C.B.E.) en 1983. Ce sont des associations visant à regrouper, sur le mode du volontariat et à l'échelle locale, plusieurs acteurs susceptibles de promouvoir les mesures de l'Etat pour l'emploi, et de réfléchir sur des politiques actives d'emploi. Une centaine de C.B.E. seront ainsi constitués pendant les années quatre-vingt. Dans l'ensemble, ils s'implantent par rapport à des zones d'activités correspondant à des unités territoriales communales, intercommunales ou cantonales. Ils regroupent des élus, des employeurs et des syndicats, et agissent en collaboration avec les associations et les administrations locales. Les élus en sont les principaux animateurs, étant, le plus souvent, les initiateurs de leur création. Les actions recensées sont de nature diverse:

- information sur le tissu local des activités ou des emplois (observatoires);
- action d'aides aux demandeurs d'emploi (insertion, formation);
- aides aux P.M.E. et à la création d'entreprises ("pépinières d'entreprises").

Leur financement est assuré par des contributions de l'Etat, des collectivités territoriales directement impliquées, ainsi que des départements ou des régions.

Les C.B.E. sont les plus nombreux en zones rurales, et marqués par des différences d'organisation et d'action entre C.B.E. ruraux et C.B.E. urbains. Les premiers fonctionnent de manière plus autonome par rapport à l'Etat. Ils reposent essentiellement sur un partenariat entre les élus et les P.M.E.. La représentation des syndicats de salariés y est dispersée. Les seconds sont marqués par une présence plus forte des administrations, mais aussi des chambres consulaires et des syndicats. Les représentants syndicaux des C.B.E. ne bénéficient ni de décharge, ni d'indemnisation spécifiques.

Les "pôles de conversion" ont été crées par l'Etat en mars 1984 pour mener des actions sur une quinzaine de zones locales dont les industries, le plus souvent traditionnelles, rencontraient des difficultés (mines de charbon ou de fer réparties sur l'ensemble du territoire, métallurgie de la région Centre et caennaise, chantiers navals de la Loire Atlantique et de la Méditerranée). Les actions de reconversion concernent à la fois les activités prises globalement et les individus. Chaque pôle est animé par une équipe autour du préfet, comprenant un représentant du Ministère du travail pour les mesures sociales. En zone urbaine, l'organisation de ces actions peut recouper celle d'un C.B.E.. Les pôles de conversion sont regroupés dans des structures plus lourdes au niveau de chaque région concernée. Ces structures, associant administrations et chambres de commerce ou d'industries, visent à mieux coordonner les opérations en matière d'aides, de formation et de placement. Les syndicats concernés y sont plus ou moins associés.

L'action des C.B.E. et des pôles de conversion intervient sur deux axes qui sont plus ou moins articulés: d'une part, des aides aux individus privés d'emploi, et, d'autre part, des actions globales pour la conversion ou la création d'activité. Leur développement a été l'objet d'interventions croissantes des associations pour des actions de plus en plus diversifiées. Ces associations ont été encouragées et mobilisées par l'Etat pour contribuer à l'insertion des jeunes et aux actions engagées contre le chômage de longue durée. Ce sont les associations d'aides aux chômeurs, les "associations intermédiaires" et les "entreprises d'insertion". Les associations intermédiaires mettent en relation des demandeurs d'emploi et des entreprises. Elles assument directement la gestion des contrats de travail, le plus souvent signés pour une durée déterminée. Les associations intermédiaires ont la possibilité depuis la loi quinquennale de décembre 1993 de recourir à des missions d'intérim. Les entreprises d'insertion sont des associations particulières bénéficiant du statut d'entreprise. Elles proposent des services de nature diverse à des particuliers ou à des collectivités territoriales, ainsi qu'à d'autres entreprises dans le cadre d'une sous-traitance. Intervenant sur des marchés, elles peuvent concurrencer l'artisanat ou certaines P.M.E.. Dans tous les cas de figure, elles bénéficient d'aides de l'Etat. Elles contribuent à diffuser les nouveaux contrats de travail à durée déterminée ou indéterminée. Mais, surtout, elles contribuent à remettre en cause l'étanchéité entre les espaces d'activités marchandes et non marchandes, entre ces dernières et le bénévolat.

De nouveaux problèmes posés aux syndicats.

Une telle évolution pose question au syndicalisme. Les syndicats y réagissent différemment. La C.G.T., tout en siégeant dans les C.B.E., privilégie, au niveau local, son action dans les entreprises. Elle dénonce la participation de ces réseaux d'action pour l'emploi au développement de l'intérim et des C.D.D., et plus globalement aux formes de salariat atypiques. Elle critique aussi les critères de la représentation syndicale dans ces comités ouverts à toute organisation représentative au plan national, quelque soit son implantation locale. F.O. siège moins souvent dans les C.B.E.. Elle critique aussi la nature des contrats de travail. Et elle a été aussi la première organisation à dénoncer l'absence de procédures d'évaluation de toutes ces actions.

La C.F.D.T. inscrit sa participation aux C.B.E. dans le cadre général d'une action locale pour la défense de l'emploi. La C.F.D.T. adhère au principe selon lequel le syndicat est un garant, au même titre que d'autres partenaires (Etat, entreprise, association) de la cohésion sociale et du développement économique à tous les niveaux de la société. Elle cherche à concilier des actions locales de solidarité avec les relations professionnelles. La C.F.D.T. mène des actions au niveau des C.E. qu'elle contrôle en direction des associations; soit diverses aides aux actions d'insertion et de formation, ou d'embauches à durée déterminée. Des relais sont assurés par les négociations syndicales sur l'emploi et la durée du travail. Les sections syndicales cherchent à obtenir une transformation des contrats-jeunes en embauches, ainsi que des compromis en matière de R.D.T.T. partiellement compensée par de nouvelles embauches. Ces actions sont le plus souvent menées dans des contextes particuliers d'établissements publics (Office national des forêts), ou des entreprises industrielles en zone rurale. La C.F.D.T. a aussi engagé une réflexion sur les chantiers ou les gisements d'emplois potentiels. Ces derniers concernent un ensemble de services visant à satisfaire les besoins non satisfaits de la population, et liés à l'évolution des conditions de travail et de vie. Ce sont tous les services d'aides à domicile, de garde d'enfants, de transports, certains services d'entretien de l'environnement. Ces services correspondent à un modèle d'action pour l'insertion par l'économie, visant à construire des réseaux relationnels ou de proximité ("services de proximité"). Ils peuvent aussi contribuer à faire vivre la solidarité locale. Cette réflexion fait référence à une problématique de l'économie sociale visant à instituer la solvabilité et la régulation de ces services par des modes intermédiaires et complémentaires entre l'Etat et le marché. La C.F.D.T. participe aussi aux procédures d'élaboration des contrats de plan régionaux. Elle propose de nouveaux rapports entre l'Etat et ses administrations, soit une déconcentration des services du travail et de la formation au plus près des comités de bassin d'emploi. Enfin, tous les syndicats posent une limite à l'action syndicale, notamment par rapport à leur non participation aux expériences de création d'entreprises. Les syndicats restent des défenseurs du travail salarié.

Les syndicats sont tirés vers le champ d'action du tissu associatif par rapport à une montée des phénomènes d'exclusion. Ils ont tous des difficultés à se situer, malgré des projets de solidarité, malgré l'importance qu'ils accordent à l'insertion par l'économie. Ils dénoncent, à des degrés divers, la participation des nouvelles formes d'associations à la déréglementation du travail. Ils butent aussi sur un problème de fond. Les relations locales autour de l'emploi sont de type partenarial et en termes de concertation. Elles n'ont pas d'impact sur la réglementation du travail, contrairement aux relations professionnelles par le biais de la négociation collective.

Enfin, la région apparaît comme un niveau d'organisation privilégié par l'Etat et les élus pour aménager et développer l'emploi local. C'est un problème pour les syndicats dont les structures d'organisations locales étaient surtout départementales et communales. C'est pourquoi les syndicats ont relancé la formule des "unions régionales", notamment par rapport à leur représentation au sein des comités économiques et sociaux régionaux.

Un enjeu et un objet complexe : l'Europe sociale (institutions et espaces d'action syndicale).

L'importance des régions est un aspect de l'organisation de l'espace européen. De nombreux programmes de développement économiques et sociaux européens s'adressent directement aux régions, à travers deux grandes structures de financement; le Fonds européen de développement régional (F.E.D.E.R.) et le Fonds social européen (F.S.E.). Cependant un enjeu apparaît comme le plus important pour les syndicats, en tant qu'espace et objet spécifique de la politique européenne, c'est l'"Europe sociale".

L'Europe sociale s'inscrit dans le cadre d'un long processus, depuis la constitution de la Communauté économique européenne (C.E.E.) en 1957, jusqu'à celle de l'Union économique et monétaire européenne en 1991. Elle résulte de l'avancée des projets de politique économique et commerciale, mais aussi des mutations et de la crise de l'emploi; ces dernières lui ayant conféré une plus large audience. Pendant des décennies, elle a été considérée de fait comme un aspect secondaire. Depuis les crises économiques de 1974 et 1979, les institutions européennes ont cherché d'abord à trouver des réponses aux difficultés de la croissance, ainsi qu'à ménager la spécificité ou l'autonomie d'un espace européen dans le cadre d'une mondialisation de la concurrence économique. Elles ont proposé des ajustements en matière de politique de développement de l'emploi, une harmonisation des coûts et des conditions de travail. Cette démarche a aussi été infléchie par un processus d'intégration politique d'un nombre croissant de pays associés au sein de la Communauté, puis de l'Union européenne; soit, successivement, six, dix, douze et quinze pays. La rencontre entre ces deux processus économique et politique a contribué à légitimer la nécessité de construire un espace plus homogène en matière de politique sociale et de droit du travail à l'échelle européenne.

L'Europe sociale a émergé en tant que projet constitué lors des premières élections au suffrage universel du Parlement européen en juin 1979. Elle se concrétisera, après la rédaction de l'Acte unique en décembre 1985, par l'élaboration et le vote en décembre 1989 de la "Charte sociale des droits fondamentaux", suivi d'un protocole d'accord annexé au Traité de Maastricht de décembre 1991.

Les syndicats sont présents dans les institutions européennes à travers la Confédération européenne des syndicats (C.E.S.). La C.E.S. a été fondée en 1973 à l'initiative des syndicats membres de la Confédération internationale des syndicats libres (C.I.S.L.). Elle regroupe la plupart des grandes centrales de chaque pays de l'Union européenne, soit une quarantaine d'organisations. Certaines centrales y ont adhéré bien avant l'entrée de leur pays dans la Communauté puis l'Union; c'est le cas notamment des syndicats suédois ou autrichiens dont les pays sont entrés avec la Finlande dans l'Union en 1995. Mais en fonction d'un contentieux historique entre la C.I.S.L. et une autre organisation internationale concurrente, la Fédération mondiale des syndicats (F.S.M.), une des centrales françaises, la C.G.T., est toujours écartée de la C.E.S.. Or l'influence et l'organisation de la F.S.M. au nom du "camp socialiste" ont été fortement réduites par les bouleversements politiques des pays de l'Est, et un recul mondial des régimes communistes. Et la C.G.T. a demandé à plusieurs reprises son adhésion à la C.E.S., en la réitérant sans succès, après son départ de la F.S.M. en 1994. La Confédération européenne des syndicats a une structure d'organisation classique. Elle est dirigée par un comité de direction et un comité exécutif qui sont composés de représentants élus à chaque congrès. Ces représentants sont issus des confédérations syndicales nationales, ainsi que d'une quinzaine de structures spécifiques sectorielles ou catégorielles, les "comités syndicaux européens". Ces derniers représentent les salariés de plusieurs secteurs comme les industries graphiques, la métallurgie ou la chimie, ainsi que le secteur éducatif, ou, encore, les employés, les techniciens et les cadres. La C.E.S. participe aux travaux du Comité économique et social qui assiste la Commission, organe exécutif de l'Union, chargé de préparer les projets de réglementation avant de les soumettre aux instances politiques, et, ensuite, de les faire appliquer. Le Comité économique et social rassemble des représentants du monde économique et social de chaque pays (employeurs, salariés artisans, professions libérales, associations). Il est consultatif; mais dispose, depuis Maastricht, d'un droit de saisine directe de la Commission.

Tous les dossiers sont transmis au Conseil des ministres des secteurs concernés (travail, affaires sociales, etc...) de chaque état membre qui a le pouvoir de décision en matière de réglementation. Le Parlement européen est aussi consulté par la Commission, pour avis et amendement, avant débat en Conseil des ministres. Et, depuis Maastricht, il dispose de certains pouvoirs de codécision avec le Conseil des ministres.

La C.E.S. organise directement des actions revendicatives dans certains secteurs (métallurgie, ou travailleurs du livre). Elle organise aussi des journées d'action interprofessionnelles sur les salaires et l'emploi. Les actions concernant la défense des services publics ont été relancées depuis Maastricht contre les projets de la Commission visant à faire évoluer leur réglementation. Les confédérations françaises sont particulièrement en pointe; pour défendre la notion de "service public à la française", et sur le thème d'une "charte " constitutive d'un "service public européen". D'autres actions sont menées au niveau de grandes firmes contre les projets de délocalisation et pour la défense de l'emploi et des conditions de travail. La C.E.S. est aussi associée à certaines initiatives du secteur associatif à l'échelle européenne. Ces dernières visent notamment à rassembler des associations nationales de chômeurs. Les liens sont les plus étroits pour les pays où il n'existe pas de structure de gestion centralisée du chômage au niveau national. Ainsi, on peut distinguer les modèles français de l'UNEDIC et de l'A.N.P.E., des structures de gestion et de coordination plus locales en Grande Bretagne, et dans lesquelles siègent ensemble des représentants syndicaux et des associations.

Parallèlement à l'organisation européenne des syndicats de salariés se sont constituées des unions patronales européennes. Elles sont de nature différente, selon qu'elles visent à rassembler l'ensemble des représentants du monde patronal de chaque pays (Union des industries de la Communauté européenne, U.I.C.E.), les employeurs du secteur public (Centre européen de l'Entreprise publique, C.E.E.P.), ou, encore des représentants des chambres consulaires, des P.M.E. ou des artisans.

La constitution d'une Europe sociale est aussi la résultante d'une accumulation de dispositions et d'institutions spécifiques, depuis la création en 1960 du Fonds social européen jusqu'aux procédures de réglementation associées aux droits énoncés par la Charte sociale de 1989. Elle concerne donc une multiplicité de thèmes et d'objectifs d'action. Leur complexité est liée à celle des institutions européennes (notamment en matière de répartition des pouvoirs et d'ajustement avec les Etats) et à une hétérogénéité des situations juridiques entre les différents pays.

L'institution sociale la plus ancienne est celle du Fonds social européen. Elle mène des actions complémentaires des politiques gouvernementales de chaque pays. Les programmes sont généralement établis pour une durée de trois à cinq ans. Le fonds a été crée d'abord pour aider les opérations de conversion des activités engagées dans chaque pays. Il peut aussi participer à certaines opérations d'autres fonds, notamment pour réduire les écarts régionaux en matière de développement industriel. Il s'agit essentiellement d'actions de formation des salariés avec ou sans emploi. Certains programmes ont été adaptés à des bassins d'emploi, notamment pour la France, et menés en relation avec des préfets et des conseils régionaux. D'autres ont été orientés sur les chômeurs de longue durée, sur l'insertion des jeunes ou des femmes.

Deux autres axes constitutifs de l'édification d'une Europe sociale sont encore plus essentiels. Ils sont liés au principe d'une libre circulation des hommes, des biens à travers la Communauté puis l'Union. Le premier est l'instauration en 1968 de la possibilité pour chaque travailleur de bénéficier d'une couverture sociale dans chaque pays de l'Union où il travaille, et de cumuler certains droits acquis. Le second, beaucoup plus lent, et encore en cours, est celui d'un rapprochement entre les législations du travail de chaque pays, sans les aligner par le bas. C'est de loin le plus complexe. Car les lois et les procédures sociales restent encore hétérogènes sur des logiques ou des aspects essentiels. Ainsi, on relève des différences en matière de réglementation du travail entre les pays où celle-ci est exclusivement abordée par la négociation collective (Danemark), et les pays où elle suit le droit constitutionnel. Et, dans le second cas, on remarque aussi des différences selon les rapports entre la législation nationale et la législation internationale. L'Allemagne accorde une primauté à la première, la France à la seconde. D'autres différences concernent aussi des thèmes essentiels comme les salaires, le travail précaire ou la durée du travail. Les salaires minimaux sont fixés par les gouvernements en France, au Luxembourg, aux Pays-Bas, au Portugal et en Espagne. Dans les autres pays, ils sont établis par des négociations collectives nationales d'ensemble ou sectorielles. Le travail précaire est interdit en Grèce, en Espagne et en Italie. Il est autorisé et réglementé en France, en Belgique, en Allemagne et aux Pays-Bas; et libre au Portugal. La durée du travail est réglée uniquement par des négociations sectorielles en Grande-Bretagne. Elle est réglementée par la loi dans les autres pays, mais avec des écarts importants (jusqu'à neuf heures par semaine). D'où les difficultés d'énoncer et faire appliquer des règles communes. Ces dernières font l'objet de résolutions votées par le Conseil des ministres du travail, après une procédure complexe de préparation par la Commission et de consultations, impliquant directement ou indirectement le Parlement européen. Elles équivalent à des "directives" dont le caractère contraignant dépend de la nécessité imposée ou non à chaque pays d'adopter une nouvelle loi; et aussi du principe de "subsidiarité", en vertu duquel la législation européenne ne peut s'appliquer strictement qu'en cas de carence de réglementation au niveau national.

La Charte sociale des droits fondamentaux est le premier document qui marque la réalité d'un projet d'harmonisation globale des législations sociales. Elle a été adoptée en décembre 1989 par tous les pays concernés, sauf la Grande-Bretagne; cette dernière ayant confirmé son refus à l'occasion de sa signature du traité de Maastricht en décembre 1991. Cette charte énonce douze droits fondamentaux dont plusieurs désignent des aspects essentiels de la réglementation du travail et de l'emploi (contrats de travail, licenciements collectifs, sous-traitance, aménagement du temps de travail). Cette charte a été complétée par un protocole d'accord signé par tous les pays, sauf la Grande-Bretagne, et annexé au Traité de Maastricht. Il distingue deux procédures d'adoption des conventions et directives variables selon les thèmes. La première implique un vote à la majorité qualifiée du Conseil des ministres et un accord du Parlement européen sur différents thèmes de réglementation: conditions de travail et durée du travail, conditions d'hygiène et de sécurité, modes de consultation des salariés, égalité de traitement entre hommes et femmes, mesures d'intégration des exclus du marché du travail. L'autre procédure suppose un vote à l'unanimité du Conseil des ministres, et seulement un avis du Parlement. Elle concerne les questions de sécurité sociale, les garanties en matière de licenciement, les institutions de représentation des salariés dans l'entreprise (dont les C.E.), les conditions d'emploi des immigrés n'appartenant pas à l'Union, et certaines aides à la création d'emploi non couvertes par le F.S.E. Enfin, trois domaines sont exclus du protocole: les salaires, le droit syndical, le droit de grève ou de lock-out.

L'exemple de l'aménagement du temps de travail montre les difficultés de faire avancer une réglementation européenne, et de la faire appliquer. Dans le sillage de la Charte sociale, le Parlement européen a adopté, à une très forte majorité, le principe d'une réduction du temps de travail hebdomadaire à 35 heures dans le cadre d'un programme d'action sociale en 98 points. Ce programme est transmis à la Commission. Il faudra attendre 1993 pour que le Conseil des ministres se saisisse de la question de la durée du travail. Ce dernier vote en juin 1993 une directive sur la durée maximale hebdomadaire qu'il fixe à 48 heures, heures supplémentaires incluses. Les situations par pays peuvent être très contrastées. Cette norme est largement inférieure à celles qui sont négociées par secteurs en Grande-Bretagne, et supérieure à la norme nationale d'un pays comme la France (45 heures). C'est pourquoi il est proposé de repousser à trois ans le délai d'application de cette directive, et de permettre pendant une période de sept ans la possibilité de négocier des accords dérogatoires au niveau national.

Le dernier axe d'action que nous souhaitons évoquer est encore plus récent. Il vise à développer les relations contractuelles entre les organisations européennes d'employeurs et de salariés. Il implique la constitution d'un ensemble complexe d'institutions à l'échelle de l'Union européenne. Ces dernières concernent d'abord l'organisation de structures spécifiques de négociation collective interprofessionnelles ou sectorielles. Ces dernières doivent être aussi articulées avec d'autres structures internes aux entreprises, devant intégrer des procédures adaptées à l'échelle européenne.

L'Union des industries de la Communauté européenne et le Centre européen de l'Entreprise publique ont engagé une négociation d'ensemble sur ces thèmes avec la Confédération européenne des syndicats. Elle a été sanctionnée le 31 octobre 1991 par un protocole d'accord sur le principe de conventions collectives européennes. Cette première approche globale a été préparée par une dynamique de négociation engagée entre les directions de plusieurs groupes et des syndicats européens sectoriels. Ainsi plusieurs accords ont été signés notamment dans des multinationales d'origine française au cours des années quatre-vingt. Ils assuraient un minimum d'échange d'informations avec les organisations syndicales, soit par la constitution de "comités de liaison" entre les directions et une fédération syndicale de branche (métallurgie pour Thomson), soit par l'institutions de représentants syndicaux des départements européens de l'entreprise (B.S.N.). Aucun accord ne prévoyait d'adapter à l'échelle européenne des structures de représentation comme les comités ou les conseils d'entreprise. Cette revendication sera appuyée par les syndicats auprès des instances européennes, et notamment relayée au Parlement européen. Et, le 22 septembre 1994, le Conseil des ministres adopte une directive sur l'institution des comités d'entreprise européens. Ils doivent être mis en place dans toutes les entreprises implantées dans deux pays membres de l'Union employant au moins 1000 salariés, et possédant deux établissements dans deux pays employant au moins 150 salariés chacun. Elle concerne 1200 entreprises et 5 M de salariés. L'institution de ces comités doit être négociée entre chaque direction et les syndicats. En cas d'échec des négociations, les règles de fonctionnement minimales prévues par la directives s'appliquent automatiquement, mais dans un délai de trois ans. Dans le cas des entreprises multinationales non européennes implantées en Europe, c'est la législation nationale du pays dans lequel est située la représentation de la direction centrale qui s'applique. Les comités européens ont des attributions classiques en matière de droit d'information et de consultation sur un ensemble de problèmes affectant les salariés à l'échelle de l'Union (licenciements collectifs ou délocalisations d'unités).

Les chantiers de l'Europe sociale sont aussi associés à un développement d'outils et d'institutions plus strictement techniques. Ils mettent à la disposition des partenaires sociaux diverses informations sur la gestion de main-d'oeuvre et les qualifications dans chaque pays de l'Union. Certaines structures sont permanentes. C'est le cas notamment pour la formation professionnelle du Centre européen pour le développement de la formation professionnelle (C.E.D.E.F.O.P.) où siègent les syndicats. Il coordonne un ensemble de travaux visant à la fois une vue d'ensemble sur les modes nationaux ou sectoriels de gestion de la formation, et à proposer des normes ou des définitions communautaires. La Commission européenne coordonne un ensemble plus large de programmes et de missions d'études auxquels participent les syndicats.

Mais parallèlement à ces institutions, il faut évoquer aussi certaines pratiques des entreprises au niveau européen qui tendent à entériner la coupure entre les projets de l'Europe sociale et leur participation à la compétition économique internationale. Certains groupes pratiquent le lobbying auprès de la Commission. D'abord en participant directement à des réseaux de coopération institutionnels sur des programmes de recherche-développement technologiques; ensuite en implantant des bureaux de représentation pour infléchir les orientations ou l'allocation des moyens de ces programmes. Les lobbies les plus actifs concernent des industries de haute technologie ou des secteurs sensibles (électronique, aéronautique, télécommunications civiles et militaires). C'est un problème pour les syndicats, surtout en regard de leurs difficultés en matière d'information et de négociation des plans sociaux, dont les procédures restent encore du ressort de la législation de chaque pays. Alors que les décisions économiques ou technologiques les plus stratégiques sont préparées à l'échelle européenne.

La dimension sociale n'est plus considérée comme une dimension annexe de la politique économique européenne. Cette mutation est essentiellement concrétisée par une réglementation décidée par le haut, à travers une procédure associant la Commission et le Conseil des ministres. Ce dernier implique le Parlement pour les votes à la majorité qualifiée. Cette réglementation se heurte alors à l'hétérogénéité des réglementations nationales. C'est pourquoi, sans doute, l'action sociale européenne reste plus achevée en matière de dispensation de fonds de formation. Cette dernière est la plus ancienne; elle rencontre moins de difficultés face à l'hétérogénéité spécifiquement régionale des structures administratives et économiques de chaque pays. L'instauration d'un espace de négociations professionnelles européennes est le projet le plus délicat parce qu'il soulève le plus de difficultés. L'hétérogénéité des structures nationales de relations professionnelles est liée à des mentalités, à des cultures, à des traditions différentes. Ces dernières sont particulièrement contrastées du point de vue des conceptions de la place et du rôle du syndicalisme. Les études sur le syndicalisme européen insistent sur plusieurs clivages essentiels entre les pays, en matière de droit syndical, de réglementation par la loi ou la négociation, de niveaux des négociations, et de modèle prônant ou non la cogestion entre les employeurs et les salariés. Or le droit syndical est un des thèmes évacués d'une réglementation européenne par la Charte sociale de 1991. Et les modes de représentation des salariés dans l'entreprise ainsi que la cogestion sont des thèmes qui doivent faire l'objet de votes à l'unanimité en Conseil des ministres. Ces différences se manifestent de manière irréductible à l'occasion de certaines décisions concernant des transferts d'activité entre pays. Ainsi l'opération engagée par la firme américaine Hoover pour délocaliser une unité implantée en France vers l'Ecosse a révélé en 1992-1993 les limites imposées par le caractère contradictoire des systèmes de relations professionnelles. L'importance accordée en Grande-Bretagne à la négociation locale en regard de celle accordée en France à une législation nationale a contribué à précipiter cette délocalisation. Et surtout, le fait que la Charte sociale et l'accord annexé au Traité de Maastricht n'aient pas été signés par la Grande-Bretagne imposait des limites à l'application des directives européennes. Dans un contexte où la concurrence économique est mondiale, les syndicats sont de plus en plus confrontés aux effets de multiples contradictions entre structures, législations nationales et multinationales. Ils sont écartelés entre des actions de type supranationale, notamment, à travers la C.E.S. et des actions nationales. Ils cherchent aussi à se situer à un "niveau intermédiaire" en participant à des structures sectorielles européennes comme les "comités sectoriels" de la C.E.S.. Ils retrouvent alors les mêmes questions que celles qu'ils se posent au niveau national sur les limites de la notion de secteur ou de branche.

Bibliographie.

Bibes G., Mouriaux R. (1990), Les syndicats européens à l'épreuve, Presses de la Fondation nationale des sciences politiques.

Caire G. (1992), L'Europe sociale: faits, problèmes, enjeux, Masson.

C.F.D.T. Aujourd'hui (1994), Exclusion-Solidarité-Territoires, Les Carnets, supplément au n°112, juin.

C.G.T. (1994), La construction européenne dans l'après Maastricht, Cahiers du centre confédéral d'études économiques et sociales, Analyses et documents économiques n°60, octobre.

Comité de liaison des C.B.E. (1991), Les C.B.E.; partenaires pour le développement économique local, Territoires, numéro spécial, supplément au n°323, décembre.

Goetschy J. (1993), L'Europe sociale à la croisée des chemins: l'accord social de Maastricht, Sociologie du Travail, n°2, avril-juin.

Lamoot M. (1995), Comités d'entreprise et lutte contre l'exclusion, Cahiers du centre confédéral d'études économiques et sociales de la C.G.T., Analyses et documents économiques n°65, juin.

Le Mouvement Social (1993), Syndicats d'Europe, n°162, janvier-mars.

Micheau M. (1982), Les C.B.E.; bilan et questions, Travail et Emploi, n°11, janvier-mars.

CHAPITRE VIII

SYNDICALISME ET GESTION.

Nous reviendrons ici sur différentes composantes de la situation du syndicalisme, que nous considérons comme essentielles, et qui ont été atteintes par les mutations et la crise de l'emploi. Elles concernent d'abord, d'un point de vue strictement "morphologique", le niveau des effectifs syndiqués. Elles visent ensuite un ensemble de données plus structurelles, liées à la fonction du syndicalisme, qui sont constitutives du système d'action syndical. Les revendications et les modes de mobilisation collective, les projets idéologiques ont été touchés par les mutations et la crise de l'emploi. Les tensions et les blocages qu'ils encaissent contribuent à précipiter un éclatement des structures syndicales dont les adhérents sont moins nombreux. Tous ces aspects révèlent, à des degrés divers, une constante, celle d'une hétérogénéité, d'une distanciation ou d'une indétermination des syndicats par rapport aux modèles de gestion des employeurs et de l'Etat. Celle-ci est la résultante d'une situation complexe pour laquelle il est difficile de faire la part entre le poids des dimensions institutionnelles et celui des projets syndicaux. Le droit syndical tend à limiter les espaces de réglementation négociée du pouvoir de gestion des employeurs. Et les projets syndicaux sont inscrits dans une histoire ancienne longtemps marquée par un refus de la part des syndicats d'aborder cette question.

Un inventaire des facteurs de mutation et de crise ayant pesé sur la désyndicalisation.

Plusieurs aspects des mutations et de la crise de l'emploi que nous avons passés en revue sont susceptibles d'expliquer la chute des adhérents des syndicats français. Mais certains d'entre eux comme le chômage n'ont pas eu le même impact sur les syndicats des autres pays européens. Des pays comme la Grande-Bretagne ou l'Italie ont connu à plusieurs reprises des taux de chômage équivalents ou supérieurs à celui de la France. Or leur taux de syndicalisation s'est maintenu à un niveau supérieur (soit respectivement 28% et 45%). C'est pourquoi nous rechercherons plusieurs facteurs caractéristiques de la situation française. Les uns sont directement liés aux évolutions de l'organisation du travail et du profil professionnel des salariés. D'autres réintroduisent des logiques de représentation institutionnelles.

Les pratiques de gestion du personnel des entreprises françaises privilégient les mesures de flexibilité externe au dépens de mesures de flexibilité interne. Elles s'appuient notamment sur différents systèmes d'aides de l'Etat à la reconversion, au licenciement et à l'insertion. D'où la constitution d'un marché du travail dualiste marqué par la distinction entre un noyau de main-d'oeuvre stable et un flux croissant de salariés sur des contrats de travail à durée déterminée. La syndicalisation reste, par hypothèse (en l'absence de données chiffrées), la plus élevée dans les activités où domine la stabilité des contrats de travail. Les données concernant la répartition du nombre de délégués syndicaux par entreprises et secteurs, ou les résultats aux élections professionnelles d'entreprise tendent à montrer qu'une majorité des syndiqués français sont concentrés dans des entreprises industrielles et tertiaires du secteur public et dans la Fonction publique.

L'évolution des ouvriers est aussi un élément important et particulier de la situation française. Le nombre des ouvriers en France est en baisse. Et leur composition a été atteinte par l'évolution de l'organisation du travail marquée par une multiplication des échelons hiérarchiques intermédiaires entre les cadres supérieurs et les ouvriers (nouveaux profils de maîtrise et de techniciens). L'espace professionnel ouvrier a aussi été réduit par l'évolution de certains critères de classification des entreprises. Ces dernières ont de plus en plus intégré les niveaux de formation et de diplôme du système éducatif au dépens des validations d'expériences. La situation est différente de celle d'un pays comme l'Allemagne où les ouvriers sont plus nombreux et moins concurrencés par le développement des catégories de classification d'encadrement intermédiaire (maîtrise, techniciens), où l'apprentissage est un mode d'accès spécifique et valorisé à l'emploi. Tous les pays européens ont engagé une recomposition des organisations de travail. Mais dans plusieurs pays (Allemagne, Italie, Grande-Bretagne), elles ont été associées avec des négociations d'entreprise (souvent conflictuelles) concernant spécifiquement les classifications ouvrières sur plusieurs éléments essentiels: les règles d'accès à l'emploi, les règles de mobilité dans l'emploi, la formation et le salaire. Mais en France, l'articulation entre ces éléments est moins prise en charge pour les ouvriers qu'elle ne l'est pour d'autres catégories comme les cadres ou les techniciens; parce que les classifications sont traitées pour l'ensemble des catégories, parce qu'elles s'appuient de plus en plus formellement sur la structure d'ensemble des formations et des diplômes scolaires. Les nouveaux modèles d'organisation posent aux ouvriers français des problèmes de lisibilité et d'identité collective. Une telle situation a aussi été accompagnée de la remise en cause de certains modes de reconnaissance et de gestion particularisés de la qualification ouvrière. Les ouvriers français ont bénéficié, exceptionnellement, d'une reconnaissance particularisée de leur rôle et de leur qualification à travers plusieurs segments sectoriels ou professionnels du marché du travail. Ces derniers représentaient non seulement des compromis historiques sur leur qualification, mais aussi sur les conditions de sa gestion. Et ils correspondaient surtout à des modèles de marché du travail plus ou moins fermés, plus ou moins strictement contrôlés par un pouvoir des syndicats sur l'embauche associée à un apprentissage et sur une gestion de carrière minimale à l'ancienneté. Ces espaces de qualification et de gestion "corporatistes" correspondaient à des situations économiques particulières à caractère monopolistique. La mondialisation associée à une déréglementation, les politiques de flexibilité et de réduction des coûts du travail, la montée des diplômés en France, autant de facteurs ayant remis en cause les règles de fonctionnement de ces marchés du travail. On peut évoquer plusieurs exemples d'activités et de marchés concernant un ensemble non négligeable de professions ouvrières. Dockers, marine marchande, imprimeurs, cheminots, autant d'activités et de professions ouvrières coalisées autour d'une seule organisation syndicale, la C.G.T. Celle-ci réussissait à prendre en charge leur particularisme et à l'intégrer dans une action revendicative globale à dimension professionnelle. Chacun de ces segments corporatistes a été atteint par l'évolution des marchés marquée par un ensemble de facteurs technologiques, économiques, mais aussi sociaux et éducatifs. Ils ont contribué à faire reculer des modes de représentation collective de la qualification ouvrière et des modes de gestion particularisés parce qu'ils privilégiaient la reconnaissance du caractère professionnel de l'activité ouvrière. Cette reconnaissance allait bien au delà des classifications générales d'"ouvriers professionnels" utilisées par la plupart des secteurs pour différencier une minorité d'ouvriers de la masse des ouvriers spécialisés dans le cadre d'une organisation taylorienne. Elle marquait des compromis particuliers de gestion professionnelle garantissant la stabilité d'une relation entre formation, accès à l'emploi, qualification et promotion; cette relation s'appuyant aussi sur une maîtrise des démographies professionnelles et sectorielles, permettant, notamment, de fixer et d'appliquer des quotas en matière de recrutement et de promotion. Dans les docks et l'imprimerie, ce compromis était institutionnalisé par une adhésion syndicale du salarié préalable au recrutement; dans le cadre d'une situation de monopole reconnu à une seule organisation, la C.G.T..

Ainsi, l'évolution des conditions mondiales de la concurrence de la marine marchande, la restructuration des flottes, les nouvelles normes de compétitivité, une réduction de la taille des équipages ont fait disparaître les particularités d'un système français géré en commun par les pouvoirs publics, les compagnies d'armement et les représentants des personnels navigants. Soit autant de ralentissements ou de gels des embauches, de blocages des carrières, et de mise en concurrence des anciens profils de qualification avec de nouveaux profils de diplômés. Des processus de même nature ont atteint plusieurs autres activités, et, à des degrés divers, selon l'importance et l'ordre de chaque mutation.

Autre exemple, le monopole d'activité des dockers, géré par leurs représentants syndicaux, reposant sur la reconnaissance d'un travail intermittent permettait de "normaliser" l'indemnisation des périodes de non travail dans le cadre d'un emploi permanent. Il a été remis en cause à la fois par des facteurs spécifiques et par des facteurs plus généraux. La spécificité tient aux conditions progressives d'un alignement des conditions d'emploi par une mensualisation et une annualisation de l'activité intermittente. La dimension générale des évolutions concerne les logiques d'évolution et de restructuration techniques et économiques des trafics portuaires, avec pour conséquence un transfert de la gestion du travail par les dockers à des sociétés de manutention. Les dockers ont été intégrés dans le cadre d'une convention collective des personnels de manutention portuaire en avril 1994. Sa mise en oeuvre s'est accompagnée de certains accords locaux introduisant certains écarts de gestion à titre transitoire.

Les "cheminots" de la S.N.C.F. (conducteurs, agents de dépôt et d'atelier, agents de signalisation, agents de voirie) ont connu des changements technologiques et des projets de recomposition des fonctions remettant en cause l'homogénéité des critères de recrutement et de qualification, ainsi qu'une articulation entre les filières professionnelles ouvrières. Les mouvements se sont précipités avec la sous-traitance de certaines fonctions, l'introduction de nouvelles formes de gestion de la productivité et des projets visant à promouvoir rentabilité et commercialisation. Les classifications et leur gestion ont été révisées à plusieurs reprises. Les modes d'accès aux emplois ouvriers par l'apprentissage ou la formation sur le tas ont été mis en concurrence avec de nouveaux modes plus scolarisés. Les fonctions ouvrières les plus prestigieuses (fonctions de conduite) ont été banalisées dans un ensemble de fonctions ouvrières et non ouvrières.

D'autres facteurs explicatifs de la désyndicalisation sont proposés en termes de légitimité syndicale par rapport à l'évolution institutionnelle des fonctions du syndicalisme. Certains analystes évoquent une "banalisation" de l'institution syndicale en France. La multiplication des fonctions de représentation syndicale a été décidée par des gouvernements. Et elle suit le modèle de rapport entre électeur et élu, lui-même en crise notamment à l'échelle politique. Elle tendrait à isoler les représentants syndicaux de leurs mandants. Nous avons pu constater à de nombreuses reprises le caractère centralisé et déconnecté de tout mouvement de mobilisation collective des rapports entre représentants des salariés et des employeurs sur la réglementation de nombreux aspects importants du travail et de l'emploi. Ces derniers étant situés à un niveau interprofessionnel impliquant, aussi, à des degrés divers, les interventions amont ou aval de l'Etat.

Une évolution des revendications et des formes de mobilisation syndicales.

Les mutations et la crise de l'emploi sont associées à de nouveaux modes d'organisation du travail et de gestion des employeurs et de l'Etat. Ensemble, ils ont touché de plein fouet les espaces de qualification ouvrière, et plus particulièrement les formes de gestion professionnelle corporatistes. Et surtout ils contribuent à remettre en cause les clivages anciens entre gestion professionnelle et gestion économique, entre gestion économique et gestion sociale, entre les gestions des employeurs et les politiques de l'Etat. On peut les rapprocher d'une évolution sensible en longue période des revendications syndicales et des formes de mobilisation pour les appuyer. Celle-ci est liée à un ensemble complexe de facteurs; parmi lesquels les formes juridiques de représentation syndicale jouent un rôle important. On retrouve de manière récurrente les indices d'une hétérogénéité des rapports à la gestion.

L'évolution des revendications correspond à deux phases de l'évolution de l'organisation du travail. La première phase est associée au modèle taylorien. Elle marque une séparation entre les revendications à caractère professionnel et les revendications sociales. Les premières concernent essentiellement les salaires et les conditions de travail au niveau des entreprises et des branches. Les secondes abordent à un niveau plus global des éléments statutaires et de protection sociale. Les unes et les autres sont, à des degrés divers, centrées sur des objectifs de réglementation, et relèguent au second plan les aspects de gestion. La césure est la plus nette pour les questions d'organisation et de conditions de travail. Elle est moins tranchée en matière de couverture des risques de chômage et de protection sociale, même si une partie importante de cette dernière a été déléguée de fait à l'Etat. Pendant cette période, le syndicalisme a organisé des journées d'action pour soutenir ces revendications, pour appuyer ou relancer des négociations. Le niveau et l'ampleur de ces journées était lié à la nature des thèmes soulevés ainsi qu'à l'étendue du champ concerné (une ou plusieurs entreprises, une ou plusieurs branches). Des journées nationales d'action revendicative étaient encore susceptibles de mobiliser les salariés.

Avec l'évolution de l'organisation du travail et la montée du chômage des années soixante-dix, les revendications sont davantage imbriquées. Il n'est plus possible de traiter séparément des conditions de travail. Et la complexité, l'instabilité croissantes des organisations dans le cadre d'une globalisation de la compétition économique, elle-même associée à des mouvements de déréglementation, contribuent à accentuer l'impact des questions de gestion à tous les échelons de l'entreprise. Et lorsque l'emploi est en crise, l'approche des problèmes par les relations professionnelles interfère aussi plus directement avec les politiques de l'Etat. Gestion du personnel, gestion économique des entreprises, politique économique ou sociale de l'Etat s'entremêlent à tous les niveaux des relations professionnelles, mais aussi à l'échelon local, par rapport à une multiplication des interventions en réseaux de différentes institutions. L'extension et l'aggravation des problèmes d'emploi contribue à réduire les clivages traditionnels entre thèmes (salaires, conditions de travail, contrat de travail, droit de licenciement). Elle tend à instaurer deux types de situations contradictoires:

- d'une part des situations de mobilisation collective localisées largement polarisées contre les suppressions d'emploi, et associées à des espaces restreints de négociation des réglementations;
- d'autre part des négociations institutionnalisées à un niveau national au contenu plus large, mais bloquées par l'absence d'une mobilisation collective correspondante.

Face à de telles situations, l'Etat est mis en situation de trancher seul sur les questions les plus essentielles.

Les syndicats ont une hétérogénéité de rôles et de pouvoirs à travers l'ensemble de ces réseaux. Cette dernière résulte d'un processus cumulatif de dispositions en matière de représentation des salariés. Ce processus n'a pas pris en compte les aspects contradictoires des situations. Et il correspond surtout une à séparation entre une représentation exclusivement syndicale liée à une logique revendicative et une représentation non exclusivement syndicale, et plus ouverte aux questions de management. Or cette distinction est plus ou moins stricte suivant le niveau des relations professionnelles.

Dans l'entreprise, les décisions majeures sur l'emploi en matière d'investissement, de localisation et de délocalisation, de sous-traitance sont du ressort de l'employeur. Leur mise en oeuvre est assurée par les hiérarchies. Les syndicats ne sont que consultés, et, le plus souvent, indirectement, par le biais des institutions de représentation du personnel que sont les comités d'entreprise. Ces derniers assurent spécifiquement la gestion des oeuvres sociales et culturelles de l'entreprise. Elles sont l'enjeu d'un redéploiement vers des formes d'aides aux actions d'insertion; dont la légitimité fait encore l'objet de conflits intersyndicaux. Le management privilégie des modèles de mobilisation des personnels conditionnés par une recherche de compétitivité. Ils impliquent des relations interindividuelles ou en petits groupes (cercles de qualité ou groupes d'expression). Le syndicalisme, au nom de la défense des intérêts collectifs des salariés, n'adopte que des projets et des modes d'action strictement collectifs. Nous avons déjà insisté aussi sur les tensions entre cette dimension collective et l'individualisation des gestions de personnel. Le syndicat dans l'entreprise est juridiquement en situation de partenaire privilégié pour négocier avec l'employeur une réglementation collective du travail. Mais cette réglementation n'implique directement que les seules procédures de gestion du personnel. Des limites sont surtout imposées à cette réglementation collective du travail dans l'entreprise par les normes minimales des conventions collectives de branche, par les aménagements négociés au niveau interprofessionnel de règles décidées très souvent par l'Etat, et, surtout, par les mesures de réglementation-déréglementation des activités économiques ou des produits prises par l'Etat et les employeurs.

Au niveau d'une branche ou d'un secteur, les syndicats participent directement à plusieurs types d'institutions paritaires. Certaines d'entre elles, concernent l'emploi et la formation professionnelle; elles impliquent des échanges entre représentants des employeurs et syndicats sur la gestion des fonds. Mais elles sont aussi concurrencées par d'autres institutions liées aux nouvelles prérogatives des collectivités territoriales. D'autres fonds concernent la gestion sectorielle d'une partie des retraites. Cette dernière a été touchée par une montée des déficits des systèmes par répartition dus à des différentiels croissants entre cotisants et retraités. Certaines branches ont été conduites à instituer des systèmes partiels de capitalisation ("fonds de pension") contre l'avis de la majorité des syndicats.

Au niveau interprofessionnel, les syndicats sont aussi représentés dans diverses institutions qui les impliquent davantage dans la gestion des fonds d'indemnisation du chômage ou des retraites. Mais lorsque ces derniers sont déficitaires, l'Etat intervient. Il comble les déficits; il compense l'insolvabilité des chômeurs en fin de droits ou des personnes sans ressources suffisantes pour cotiser, en créant des "fonds de solidarité". Les syndicats sont aussi, à des degrés divers, partie prenante de la gestion des caisses de sécurité sociale dont les modalités ont été fortement touchées par une montée des déficits. Là encore on peut relever les effets de la montée du chômage, et un rôle de relais assuré par l'Etat. Ce rôle a notamment été amplifié, ces dernières années, par une fiscalisation partielle des ressources des systèmes de protection sociale (depuis l'institution en 1991 d'une cotisation étendue à d'autres revenus que les salaires pour les prestations familiales, la C.S.G. ou "contribution sociale généralisée"), et par l'institution d'un espace d'intervention du Parlement dans la fixation des limites de l'enveloppe globale de la protection sociale.

Le syndicalisme reste globalement en marge des nouveaux dispositifs institutionnels locaux ou régionaux sur l'emploi. Il mène surtout des actions revendicatives au niveau des entreprises. Dans certains cas, il peut intervenir indirectement à travers l'institution des comités d'entreprise et allouer des fonds à des associations.

Des tensions pesant sur les stratégies et les appareils syndicaux.

Les syndicats subissent de multiples tensions pour canaliser les revendications et les faire aboutir par la mobilisation et la négociation collective. Ils ont des difficultés à redéfinir une ligne stratégique susceptible de leur conférer une identité globale. L'évolution idéologique des centrales syndicales, et les mouvements qui agitent leur structures internes traduisent ces tensions. Ils révèlent aussi des problèmes vis à vis de la gestion.

L'histoire du syndicalisme français est marquée par les reculs d'un modèle idéologique particulier, produit d'une rencontre entre deux courants, l'anarcho-syndicalisme et le socialisme révolutionnaire; cette rencontre ayant contribué à constituer une organisation syndicale unique et confédérée, la C.G.T.. Ce modèle est complexe, car il associe deux types de projets difficilement conciliables. Le premier est de refuser toute forme de participation syndicale à la gestion des entreprises et de l'Etat; au nom d'un rejet de principe du système capitaliste. Le second est de pouvoir contrôler, voire même infléchir les décisions des employeurs et de l'Etat en matière économique et financière; afin de limiter leurs effets sur les conditions de travail et l'emploi, au nom d'une certaine conception des intérêts collectifs. Cette dernière affirme la supériorité de ces intérêts au nom de deux logiques; d'abord celle de l'unité de classe des salariés, ensuite, celle de la primauté de l'"intérêt général" sur les intérêts particuliers. Ce modèle originel a produit une notion complexe, celle de "contrôle ouvrier". Cette notion a évolué au gré des débats internes de la C.G.T., des scissions et de la création d'organisations syndicales concurrentes. Entre 1920 et 1922 un débat a opposé dans la C.G.T. les partisans d'un contrôle limité à la seule réglementation du travail (reposant notamment sur l'application des conventions collectives) et ceux qui proposaient qu'il concerne la gestion économique des ateliers. D'autre part, la C.G.T. a longtemps été partagée sur l'idée des "nationalisations", susceptibles de peser sur les grands investissements et la création d'emploi, mais pouvant aussi être récupérées par le capitalisme. Elle les soutient, comme levier pour instaurer le "plein emploi", en 1936 et à la Libération, pour les dénoncer à partir de 1947. Elle proposera en 1963 un programme de nationalisations du crédit, des banques, des assurances, du pétrole, de l'énergie atomique, et des groupes de la chimie. Et elle développera par la suite un modèle spécifique de "gestion démocratique" du secteur nationalisé essentiellement centré sur une ouverture et une transparence de l'organisation du travail et des règles de gestion du personnel.

La période que nous avons privilégiée (1970-1990) est marquée par le recul de l'impact de ces modèles, et plus largement par un recul des débats entre syndicats sur des grands projets de réforme de structure. Ces derniers ont eu lieu dans les années soixante et soixante-dix. Ils tournaient essentiellement autour du modèle de la planification pour la maîtrise des grands investissements et le plein emploi. Les projets et les plates-formes revendicatives déclinaient un ensemble articulé de procédures politiques, économiques, sociales et syndicales. Le débat syndical a été polarisé sur les échanges entre deux centrales syndicales, la C.G.T. et la C.F.D.T..

Jusqu'au milieu des années quatre-vingt, la C.G.T. insiste sur l'importance du levier des nationalisations. Elle privilégie et hiérarchise aussi trois niveaux de planification: Etat, industrie, entreprise. La C.G.T. propose à chaque niveau d'assurer une représentation des salariés et des usagers, et d'élargir les droits des institutions déjà en place dans les entreprises. La C.F.D.T., moins sensible au thème des nationalisations, défend un autre modèle, celui de la "planification démocratique". Elle a aussi une autre conception en matière de niveaux structurels ainsi que sur leur hiérarchisation. Elle part de l'entreprise pour remonter au niveau de chaque industrie ("comités industriels de contrôle"), en passant par des instances régionales ("conseils économiques et sociaux régionaux"). Au niveau de l'entreprise elle prône un partage du pouvoir entre l'employeur et les salariés, mais aussi entre le personnel et ses représentants. Elle souhaite une extension de la notion de délégation à celle de "démocratie directe". Différents facteurs contribueront à réduire l'impact de ces projets syndicaux. Les facteurs économiques mais aussi politiques ont joué un rôle déterminant.

A partir de 1981 s'est instaurée une expérience de gouvernement de gauche, non épisodique comme en 1936, mais inscrite dans la durée. La gestion gouvernementale prend en compte les mutations et la mondialisation des circuits de production et d'échange. Elle s'inscrit aussi dans un processus de relance politique de la construction européenne. La C.G.T. refuse encore "l'Europe capitaliste" et "l'Europe du chômage". Après la rupture d'un pacte de gouvernement entre socialistes et communistes, elle relance la lutte contre les redéploiements de l'industrie. Elle privilégie l'unité d'action intersyndicale à la base, rejetant les accords d'appareils au sommet. Elle se concentre sur la mobilisation contre les suppressions d'emplois, sans délaisser les instances de négociation de tous niveaux; mais en refusant de signer de nombreux accords. Elle tend encore à suivre des modèles de contre-pouvoirs en termes de contrôle, refusant d'être impliquée dans la gestion. La C.F.D.T. opte au contraire pour la construction européenne. Préparée depuis le congrès de 1979, dit du "recentrage" sur la négociation collective et les relations contractuelles, elle cherche à construire un projet de "réforme au quotidien". Elle opte pour le "réalisme en matière d'emploi", s'engageant dans les négociations du travail atypique, puis, plus tard, sur un "partage du travail".

En 1992 émerge un nouveau projet syndical global. C'est la constitution d'un "pôle réformiste" dans le cadre de l'intégration syndicale européenne, soit un regroupement de la plupart des organisations autonomes de fonctionnaires de l'Education nationale (F.E.N.), de la police (F.A.S.P.), de l'ensemble de la Fonction publique (F.G.A.F.), et d'une partie des cadres et de la maîtrise de la S.N.C.F. (F.M.C.).

Mais il s'agit encore d'un processus essentiellement organisationnel, marqué par la fondation en février 1993 de l'Union nationale des syndicats autonomes (U.N.S.A.). Des questions de doctrine essentielles sur la définition des modes de gestion ou de participation, sur les espaces de négociation ou la place de l'Etat dans la régulation ne sont pas tranchées.

Dans un contexte de plus en plus tendu, marqué par la conjonction des reculs de la syndicalisation, des projets de revendication alternatifs et des formes de mobilisation collective, le syndicalisme français est aussi l'objet de contradictions internes à chaque organisation. Elles se traduisent par des différences d'appréciation et de comportements entre sections, fédérations et confédérations, par des départs ou des scissions.

On peut ainsi évoquer les désaccords de plusieurs sections d'entreprise de la C.G.T. avec leur fédération et leur confédération, lors des négociations sur l'aménagement du temps de travail; ces sections acceptant de signer un accord contre l'avis des instances supérieures. Des conflits internes ont traversé plusieurs fédérations de la C.G.T. et de la C.F.D.T.. Ainsi le Syndicat du Livre C.G.T. a été secoué par un conflit d'organisation catégoriel face à de nouveaux défis en matière d'emploi, au sein des imprimeries de la presse parisienne. Les rotativistes s'opposaient à des suppressions d'emploi, ainsi qu'aux mesures d'accompagnement (reconversion, retraite anticipée). Ils manifestaient leur attachement à une tradition de métier, contrairement à d'autres catégories (électromécaniciens, personnels de maintenance ou de la distribution). Ce conflit s'est soldé par leur départ du Syndicat en novembre 1993. La Fédération C.F.D.T. des Télécommunications, dans un contexte de réforme des structures de la Poste et des Télécommunications en 1988, a été le champ d'un processus complexe "d'éviction-scission" de plusieurs syndicats. Ce dernier s'est soldé par la fondation du syndicat Solidarité Unité et Démocratie (SUD), prenant la seconde place aux élections professionnelles, dans les années suivantes, derrière la C.G.T.. Dans le sillage du mouvement de novembre-décembre 1995, des groupes de militants C.F.D.T. de plusieurs secteurs publics ont quitté la Confédération pour créer deux nouveaux syndicats SUD (cheminots, Education).

Les organisations syndicales au niveau le plus global ont aussi été le lieu de conflits majeurs sur les orientations et les formes d'action. En 1992, le secrétaire général de la C.F.D.T. a été mis en minorité et remplacé lors d'un bureau confédéral, entre deux congrès. Et, en 1993, les conflits internes de longue date entre syndicats des personnels de l'Education nationale au sein de la Fédération de l'Education nationale (F.E.N.) ont aussi été soldés par un processus "d'éviction-scission", et la création de la Fédération syndicale unitaire (F.S.U.), devenue le premier syndicat d'enseignants aux élections professionnelles.

Ces mouvements de scission syndicale sont légitimés par leurs auteurs comme étant l'amorce d'une recomposition syndicale au nom de la recherche d'un projet alternatif. Deux thèses s'affrontent. Les uns affichent un projet réformiste (U.N.S.A.). Les autres affirment la nécessité de reconstruire un projet revendicatif plus radical. Chez ces derniers, les uns se rapprochent de la C.G.T., les autres s'en différencient (syndicats SUD et plusieurs autres organisations autonomes hostiles à l'U.N.S.A., et fédérés ensemble depuis 1996 dans une union interprofessionnelle, le « Groupe des dix »). Mais dans chaque projet, on relève tantôt une indétermination par rapport à l'économie de marché, tantôt son rejet. Les plates-formes privilégient plusieurs thèmes comme celui de la « défense du service public », celui d'un « priorité à la lutte contre le chômage », ou d'un « retour à la planification ». L'émergence d'une prise en compte critique des critères de gestion des entreprises, reste un phénomène minoritaire et spécifique de certaines sections syndicales des confédérations, à l'occasion de plans sociaux.

Les références au modèle allemand.

La place du syndicalisme par rapport aux systèmes et aux décisions de gestion est une question centrale et récurrente. Elle suppose un inventaire d'un ensemble complexe de facteurs contradictoires et hétérogènes. Ces derniers désignent notamment l'hétérogénéité institutionnelle des droits, des niveaux de gestion des entreprises et de l'Etat. Des réponses ont été proposées par rapport à la désyndicalisation, mais indépendamment de cet inventaire. Le thème d'un "syndicalisme de services" vise à relancer la capacité d'intervention et d'influence des syndicats. Il propose d'institutionnaliser les interventions syndicales dans plusieurs domaines comme le conseil juridique et fiscal des salariés, les prestations de solidarité qu'accomplissent déjà partiellement, et à des degrés divers, les syndicats. Une interrogation plus essentielle concerne les modes de participation syndicale aux décisions dans l'entreprise, et leurs implications en matière de gestion économique et de la main-d'oeuvre. Un modèle sert de référence dans ces débats; c'est le modèle allemand des relations professionnelles. Il pose directement le problème de la codécision ou de la corresponsabilité entre employeurs et syndicats dans l'entreprise, pour des décisions négociées, y compris sur un mode conflictuel, mais engageant l'un et l'autre partenaire. Il prend aussi appui sur différentes structures dont la logique constitutive et l'articulation sont spécifiques par rapport à la France. Deux d'entre elles sont essentielles en ce qui concerne les rapports des partenaires sociaux à la gestion dans l'entreprise.

Les "conseils d'entreprise ou d'établissement" ont été crées dès 1920 pour représenter l'ensemble des salariés indépendamment des organisations syndicales. Supprimés pendant la période du national-socialisme, ils ont été rétablis par la loi d'octobre 1952 sur le statut des entreprises suivant le principe d'une représentation des personnels séparée de celle des syndicats. Ils concernent toutes les entreprises du secteur privé employant au moins cinq salariés. Ce sont des assemblées générales du personnel cumulant les fonctions du type de celles des délégués du personnel et du C.E.; les représentants de l'employeurs n'y siègent pas. Elles sont chargées d'élaborer les doléances et les propositions du personnel, et de contrôler l'application des lois et des conventions collectives. Elles sont relayées par des délégués élus rencontrant la direction. La loi de 1972 a soumis les relations entre le conseil et l'employeur à une obligation d'accord par rapport au principe de codétermination. Toutes les orientations en matière de politique générale ayant des répercussions sur l'activité et le niveau de l'emploi (fusion, transfert, arrêt d'activité) doivent être codéterminées. Et certaines procédures essentielles en matière de gestion du personnel (plan de formation, projet de réorganisation du travail, licenciements individuels) peuvent être l'objet d'un droit de veto du conseil, débouchant sur des procédures de conciliation. Ces procédures sont aussi, et surtout, inscrites dans le cadre d'un système de relations professionnelles qui privilégie les syndicats et leurs rapports de négociation au niveau de chaque branche. Des accords ont été signés et appliqués dès la fin des années soixante, c'est à dire antérieurement à la loi de 1972 sur la codétermination, dans l'imprimerie, dans la construction électrique et la métallurgie sur les conséquences de la rationalisation du travail. Ainsi l'accord national, signé le premier juillet 1968 entre les employeurs de la métallurgie et le syndicat I.G. Metall, reconnaissait la nécessité d'engager des changements d'équipements et d'organisation du travail. Il retenait le principe d'une liaison entre les progrès de la productivité et le niveau des salaires, tout en signalant la possibilité d'effets pervers sur le niveau de l'emploi, par rapport auxquels il proposait divers correctifs. Cet accord a aussi été accompagnée d'une concertation tripartite entre le syndicat, les employeurs et le gouvernement pour dessiner les lignes d'action en matière de politique des prix et des salaires.

Les "conseils de surveillance" sont des institutions dont les prérogatives concernent les grandes orientations en matière de financement et d'investissement. Ils ont été institués d'abord par la loi de mai 1951 dans les industries sidérurgiques et minières, pour être étendus à d'autres secteurs par deux autres lois, suivant trois modalités de représentation des salariés. La loi de 1951 a crée des conseils paritaires dans les entreprises sidérurgiques et minières d'au moins 1000 salariés. La loi de 1952 a institué des conseils non paritaires dans toutes les sociétés employant de 500 à 2000 salariés. Les syndicats y occupent un tiers des sièges. Enfin la loi de 1976 a établi une parité formelle pour toutes les entreprises de plus de 2000 salariés, en laissant une voix prépondérante au président.

Ces institutions sont la marque d'une dynamique de codécision en matière de gestion économique et sociale voulue par les employeurs et les syndicats allemands. Elle repose sur des relations de compromis sur les questions les plus sensibles au niveau des branches et des entreprises. Le principe de codétermination est associé aux notions managériales de "rationalisation", de "coordination". Il implique des contrats d'objectifs visant à répondre aux mouvements d'évolution, et même de déstructuration, de l'organisation du travail. Ces derniers sont articulés entre branches et entreprises. Et ces contrats peuvent déboucher à terme sur de nouveaux pactes socio-industriels plus larges, signés entre les partenaires sociaux et l'Etat.

Cette dynamique est aussi liée au caractère spécifique de la structure syndicale. Toute structure syndicale allemande est d'abord constituée sur la base d'une fédération nationale de branche (correspondant aux fédérations françaises). Elle fonctionne quotidiennement au niveau local (notamment territorial) où des liens privilégiés sont entretenus entre les membres des conseils d'entreprise et de surveillance et les délégués syndicaux. La spécificité allemande d'une articulation entre modes de représentation et modes de négociation débouchant sur des accords de codétermination contribue à maintenir les conditions d'une mobilisation collective; même si la syndicalisation a subi un recul, mais dans une moindre proportion que celle de la France. Le taux de syndicalisation reste nettement plus élevé que le taux français (autour de 40%). Et il se maintient dans l'industrie, malgré les tensions de la flexibilité et la tertiairisation des activités.

La situation française est marquée par de nombreuses différences en matière d'institutions et de pratiques de représentation ou de négociation collectives. Elle est surtout différente par une distanciation constante entre les pratiques du management et les objectifs de l'action syndicale au niveau des entreprises et des branches. En France, les négociations collectives sont polarisées sur les normes de réglementation, et à une échelle interprofessionnelle. Elles impliquent aussi plus directement une intervention amont ou aval de l'Etat. Il n'y a pas d'espace de négociation en matière de contrats d'objectifs de gestion, ni dans l'entreprise ni au niveau des branches. L'enjeu que sont les mutations techniques et organisationnelles du travail et leurs conséquences n'ont pu être abordées dans une négociation globale à caractère interprofessionnel. Elles ont été polarisées et bloquées par les mesures de réglementation de l'Etat (licenciement collectif, formes de travail atypique). Elles n'ont pas été engagées au niveau des branches, mais segmentées entre plusieurs thèmes; elles ont été éclatées, sous la contrainte, à travers certaines entreprises.

Bibliographie.

Durand M. sous la direction de (1992), Politiques économiques et sociales en Europe, Logiques sociales, L'Harmattan.

Eyraud F., Marsden D., Silvestre J.J. (1990), Marché professionnel et marché interne du travail en Grande Bretagne et en France, Revue internationale du travail, volume 129 n°4.

Goetschy J., Loos J. (1986), La pratique de la négociation collective en R.F.A. dans les années 1980, C.R.E.S.S.T., Université Paris-Sud, janvier.

Hirsch-Kreisen H. (1996), Allemagne: le retour des conseils de travailleurs? in J.P. Durand, Le syndicalisme au futur, Alternatives sociologiques, Syros.

Lefranc G. (1971), Le syndicalisme en France, Que-sais-je, n°585, P.U.F.

Maurice M., Sellier F., Silvestre J.J. (1982), Politique d'éducation et d'organisation industrielle en France et en Allemagne, P.U.F..

Paradeise C. (1984), La marine marchande Française: un marché du travail fermé?, Revue Française de sociologie, volume XXV.

Rehfeld U. (1991), Le syndicalisme allemand entre branche et entreprise, C.F.D.T. Aujourd'hui n°103, décembre.

Revue de l'I.R.E.S. (1990), Spécial France-R.F.A., printemps-été.

Ribeill G. (1984), Les cheminots, Repères, La Découverte.

Segrestin D. (1985), Le phénomène corporatiste, Essai sur l'avenir des systèmes professionnels fermés, Fayard.

CONCLUSION

L'hétérogénéité juridique d'une accumulation des structures collectives d'expression, de représentation et de négociation en France garantit un maintien formel des fonctions du syndicalisme dans les mutations et la crise de l'emploi. Mais elle marque aussi leur distanciation des situations concrètes de travail et d'emploi définies par les employeurs et l'Etat, et partiellement aménagées par l'action syndicale. Cette distanciation est la plus sensible au niveau de l'entreprise. Elle recouvre des écarts en matière de mobilisation des salariés. On peut observer à ce niveau un clivage entre deux modes de mobilisation des salariés:

-d'une part, une mobilisation quotidienne de chaque salarié dans l'emploi et l'organisation du travail, sur le mode de relations individuelles ou en petits groupes;

-et, d'autre part, une mobilisation collective animée par les syndicats, plus exceptionnelle et essentiellement conflictuelle, lorsque l'emploi est remis en cause.

Ce clivage est lié aussi à une coupure entre les institutions de représentation et celles de négociation, entre celles-ci et les activités de gestion. Il contribue à segmenter les modes de participation des salariés à la gestion de l'entreprise, ainsi qu'à contenir leur dimension collective. Les projets syndicaux restent centrés sur des objectifs de réglementation du travail et de l'emploi impliquant des négociations à d'autres niveaux. Or cette polarisation ne permet pas de freiner la déréglementation des contrats de travail.

L'Etat conserve un rôle prépondérant en matière de réglementation. Il contribue à renforcer plusieurs aspects des relations professionnelles entre employeurs et salariés. Ces dernières privilégient encore une logique globale de confrontation entre des projets en terme de réglementation et des projets en terme de gestion. Elle se situe à deux niveaux institutionnels (interprofessionnel, branche) déconnectés des relations d'entreprise.

Les employeurs mettent en avant des normes et des critères de gestion économique visant à flexibiliser la main-d'oeuvre et à contrôler les coûts du travail; ils privilégient la négociation d'entreprise. Une association patronale, Entreprise et progrès, insiste sur la nécessité d'ajuster les modes relations professionnelles à une plus grande flexibilité. Elle propose de nouveaux "contrats collectifs d'entreprise". Chaque contrat serait signé pour une durée de trois ans entre un employeur et ses salariés. Et il pourrait déroger au code du travail, hormis certains thèmes constituant un socle intangible (liberté syndicale, hygiène et sécurité, salaire minimum interprofessionnel, durée maximale du travail).

Les syndicats défendent, au contraire, des normes et des procédures plus générales pour l'ensemble des salariés. Ces normes sont censées établir des principes universels et des procédures homogènes en matière de régulation du marché du travail. Elles renvoient explicitement aux principes d'égalité, de justice et d'intérêt général. Et elles visent des procédures inscrites au code du travail; définies et négociées à un niveau plus global que celui de chaque entreprise, niveau interprofessionnel relayé par celui des branches. Or de nombreuses procédures sont construites et appliquées de manière segmentée au niveau des entreprises, pour être relayées ensuite par la réglementation de l'Etat. Et l'intervention de l'Etat pour les plus essentielles (contrats de travail, licenciement, conversion) contribue à réduire le champ des négociations à des aménagements.

La méfiance des syndicats envers une réglementation négociée au niveau de l'entreprise est ancienne. Elle est entretenue par la désyndicalisation et un affaiblissement de leur rapport de force avec les employeurs. Elle traduit aussi, plus fondamentalement, le fait qu'ils n'adhèrent que partiellement ou conditionnellement à l'économie de marché. Chaque centrale syndicale est partagée, à des degrés divers, entre deux courants. L'un, critique fondamentalement l'économie de marché, ou l'identifie de manière négative comme facteur de dérégulation ou de déréglementation de l'emploi. Ce courant est le plus représenté à la C.G.T. et à F.O.. Ces deux centrales manifestent le plus de réticence à engager toute négociation sur la réglementation du travail au seul niveau d'une entreprise. Et, pour l'autre courant, davantage représenté dans les autres centrales syndicales (C.F.D.T., C.F.T.C., C.G.C.), l'adhésion au marché est conditionnelle; elle est aussi plus sensible dans le cadre de l'économie nationale qu'au niveau international. La globalisation ou la mondialisation des marchés sont synonymes de délocalisation et de déréglementation. Les retours aux problématiques de l'économie sociale sont significatifs d'une volonté d'instaurer une forme de régulation intermédiaire entre celle de l'Etat et celle du marché; de réduire la coupure entre les critères de gestion économique et les critères de gestion sociale. Les projets formulés par les syndicats concernent en priorité l'échelle de la société, et plus rarement l'échelle de l'entreprise. Ils recouvrent des positions de principe visant à rapprocher globalement les critères d'efficacité ou de solvabilité du marché avec les critères de cohésion sociale (à la charge de l'Etat). Ce sont notamment les projets de nouvelles prestations, de nouveaux services plus collectifs cherchant à concilier deux logiques sociétales: une logique économique plus coopérative et une logique de citoyenneté plus active. Ces projets sont de fait assumés partiellement par l'Etat et certains transferts d'activités vers les associations que critiquent par ailleurs les syndicats.

Sur quoi et à quels niveaux faire intervenir l'Etat? A quel moment par rapport à la négociation collective? Sur des normes et/ou des procédures? En fonction d'un calendrier prescrit ou négocié avec les partenaires sociaux? Quelle articulation avec la situation internationale, et notamment avec les institutions européennes? Les normes européennes sont encore largement définies par le canal privilégié d'un Conseil des ministres préparé par la

Commission. Les procédures de négociation collective y occupent encore un rôle secondaire.

Toutes ces questions débouchent sur le fait que le syndicalisme français redéfinisse son rôle pour mieux assumer la crise ou les mutations en cours et à venir du travail salarié. La place et les identités des salariés sont remises en cause par la montée du chômage massif. Elles sont en même temps en gestation ou partiellement reconstruites par l'évolution de l'organisation du travail. Cette situation implique de nouvelles compétences, de nouvelles filières professionnelles, mais aussi des exclusions et des discriminations en matière d'emploi, notamment pour les jeunes et les femmes. Les références statutaires en tant que ciment d'identité collective des salariés doivent rester fondamentales dans tout projet syndical. Mais elles supposent de ne plus coller abstraitement à un modèle unique de réglementation, mais de prendre en compte la multiplicité des situations. Elles nécessitent aussi d'aborder plus frontalement toutes les questions de gestion des conditions de travail, des classifications, des salaires à travers le filtre primordial qu'est l'emploi. Ce dernier implique directement des enjeux en matière de régulation économique. Les rapports de production évoluent au niveau d'un redéploiement des fonctions dans l'entreprise; ils sont plus interactifs et moins segmentés; mais ils sont en même temps soumis à une contrainte de globalisation qui donne la prééminence à la gestion financière. Celle-ci pèse sur la nature des critères d'appréciation du travail, sur les filières de savoirs et de savoir-faire. Elle commande, en dernier ressort, les mouvements des ensembles technico-organisationnels (branches d'activité, filières technologiques).

Jusqu'où le syndicalisme peut-il coopérer dans la recherche de critères et la mise en oeuvre de solutions sans se fondre dans des logiques strictement patronales de compétitivité et de réduction des coûts? Comment doit-il chercher à réduire la coupure entre les salariés dans l'emploi et les salariés sans emploi? Questions délicates concernant la recherche de nouveaux contrats salariaux. Cette recherche doit à la fois prendre en compte la diversité des situations et viser à reconstruire des systèmes de garanties statutaires impliquant un nombre croissant de salariés, voire même une partie des non salariés; et, dans ce cas, la marge est étroite entre des projets syndicaux et des projets plus politiques d'une redistribution alternative des activités. Un aspect essentiel nous semble être celui du choix des critères de segmentation de l'emploi. Il pose le problème d'un choix entre deux orientations: soit maintenir le caractère étanche des formes d'emploi, soit viser des modes de transition entre emploi salarié atypique et emploi typique. Un autre problème, encore plus délicat, est celui des transitions entre les statuts des salariés et ceux d'autres formes d'activités, associatives voire indépendantes. Sur ce point, aussi, la marge de manoeuvre des syndicats est difficile; les syndicats doivent éviter de tomber dans le piège d'un débat faussé au départ entre deux alternatives: le maintien en l'état ou la destruction du code du travail.

Une relance du syndicalisme implique certaines inflexions et un redéploiement de ses objectifs à plusieurs niveaux des relations professionnelles, ainsi que leur mise en perspective avec les nouvelles relations d'emploi au niveau territorial.

Le contenu des revendications syndicales est indissociable des conditions de leur émergence. Ces dernières doivent être davantage en prise sur les institutions d'expression et de consultation des salariés liées aux mouvements de l'organisation concrète du travail. Elles doivent chercher à mieux concilier la situation vécue par les salariés, marquée par un resserrement entre les éléments de technicité et de communication, avec des projets de coordination et de coopération plus collectifs que ceux qui sont proposés par les employeurs. Ces projets sont des préalables à toute forme de mobilisation collective. Cette mobilisation, qui fait défaut, est nécessaire pour établir de nouveaux rapports de force entre les syndicats et les employeurs. Leur légitimité implique la recherche de nouveaux contrats d'objectifs visant essentiellement une articulation réelle entre la réglementation du travail et la régulation de l'emploi. Les relations professionnelles sont caractérisées par une réglementation segmentée des thèmes (classification, contrat de travail, formation, temps de travail) dont l'articulation s'opère a posteriori par le jeu des niveaux de réglementation impulsé par l'Etat. La réglementation est abstraite, parce qu'elle est déconnectée des réalités économiques assumées sélectivement par des procédures de gestion non négociées. Les syndicats ne peuvent continuer de rester à l'écart des débats sur les modes d'appréhension des coûts et des délais de production, sur les critères d'appréciation des activités et des performances. Mais ils doivent y participer pour en souligner les dérives ou les écarts, en matière de validation des contributions des salariés, en matière de coopération. Ils doivent en débattre en fonction des niveaux de gestion de l'entreprise, et de leur impact sur l'évolution structurelle de l'emploi. Les syndicats ont à s'exprimer dans l'entreprise sur la programmation et le pilotage des grands objectifs ou des investissements, sur les procédures d'affectation des moyens financiers, matériels et humains, sur les bilans d'évaluation; même s'il n'est pas dans leur fonction de les assumer. Les syndicats sont de fait interpellés par les questions du management (référentiels de productivité, importance respective des coûts de production en salaires, en matières premières, etc...; composantes de la tarification des produits). Ils doivent en tenir compte pour ajuster leurs revendications, ainsi que dans les échanges qu'ils entretiennent à la base avec les salariés. C'est à ces conditions qu'ils pourront les aborder plus explicitement dans les négociations avec les employeurs; afin d'élargir le champ des référentiels de productivité; afin de discuter la répartition des surplus en appréciant l'évolution respective des salaires et celle du niveau des effectifs.

Les modes d'articulation entre les activités économiques et professionnelles sont aussi territorialisés. Ils impliquent de fait de nouvelles formes de coordination locales. Ces dernières restent polarisées sur les modes gestion et de financement partagés entre l'Etat, les institutions locales et territoriales, les chambres professionnelles et consulaires . Il n'y a aucun lien entre ces dernières et la sphère des relations professionnelles polarisée sur la réglementation du travail. Certains discours généraux sur l'économie sociale ou le développement local ne doivent pas écarter les possibilités d'instaurer de nouvelles relations entre les syndicats et les autres acteurs locaux. La recherche d'une extension de ces relations autour des chantiers d'insertion, sur des questions de statut, de conditions de travail et de salaires, doit être soulevée pour réduire l'étanchéité entre les relations professionnelles et les relations locales sur l'emploi. Cette étanchéité contribue à laisser se développer une dynamique de déréglementation et de brouillage des frontières entre formes d'activités et statuts.

L'articulation entre les relations professionnelles et les relations locales sur l'emploi est un enjeu fortement stratégique. Car elle est liée à un processus de recomposition des modes de réglementation des contrats de travail. Sur tous ces aspects, les clivages syndicaux sont aussi les plus nets. En ce qui concerne, d'abord, le caractère contractuel de la réglementation du travail, deux types d'orientation traversent les syndicats. La première, dominante à la C.G.T. ou à F.O., fait reposer fondamentalement l'unité de statut des salariés sur la norme du contrat de travail à temps plein et à durée indéterminée. Elle vise implicitement à terme à l'étendre aux salariés atypiques; avec des nuances sur les rythmes et les formes de cette intégration, suivant une acceptation ou un rejet des contraintes. Elle refuse tout nouveau statut formalisé atypique en plus de ceux qui existent, considéré comme un seuil de rupture avec le code du travail. La seconde, plus représentée à la C.F.D.T. et à la C.G.C., est plus souple. Elle accepte le principe d'un nouveau statut formalisé pour unifier dans un premier temps la situation des salariés atypiques. Et elle est plus ouverte à l'éventualité de certaines passerelles entre statuts dans le cadre d'un code du travail lui-même en évolution.

Les réserves et l'hostilité manifestées par les syndicats à l'égard des nouvelles formules de "contrats d'activité" sont liées à leur expérience concrète des reculs du code du travail. Elles peuvent aussi s'inscrire dans une réflexion plus large sur l'évolution du salariat. Si tous les syndicats s'accordent pour constater que le chômage massif ne permet plus au travail salarié de garantir universellement à la fois une source de revenu et un facteur de lien social, ils n'en tirent pas les mêmes conclusions.

En ce qui concerne, enfin, les tensions entre les niveaux de la négociation collective et celles de leur rapport avorté avec la concertation locale, les syndicats ont des positions tranchées d'une centrale à l'autre. Ainsi la C.F.D.T. tend d'abord à les réduire par la recherche de compensations cumulées et négociées à tous les niveaux des relations professionnelles, y compris celui de l'entreprise. Elle accepte le caractère décentralisé des négociations, ainsi que certaines ouvertures à la concertation locale. Ces ouvertures sont posées en termes de responsabilité et de solidarité vis à vis des exclus du marché du travail. Elles s'inscrivent aussi davantage dans une adhésion globale à la notion de "citoyenneté active" que dans une démarche d'articulation entre négociation professionnelle et relations locales de concertation. Cette approche exprime surtout un principe général de rapports entre partenaires indépendants de toute mesure imposée autoritairement par l'Etat. Elle ne fait qu'évoquer la nécessité de prendre en compte la question du contrat de travail, afin de ne pas réintroduire de nouveaux contrats de "seconde zone".

La C.G.T. et F.O., dans le cadre des relations professionnelles, semblent davantage privilégier les garanties formelles d'une négociation au niveau interprofessionnel ou des branches. Et elles restent davantage en retrait des structures de concertation locale; ces dernières étant marquées, de leur point de vue, du signe d'une logique de déréglementation du travail salarié et par les contraintes du sous-emploi. C'est pourquoi elles situent leur action dans un cadre plus strictement politique, soulignant notamment l'importance de nouvelles "lois-cadres" pour combattre les dimensions négatives des projets de flexibilité des employeurs.

TABLE DES MATIERES

Achevé d'imprimer le 10 janvier 1997 sur les presses de Dominique Guéniot, imprimeur à Langres - Saints-Geosmes — Photocomposition : L'Harmattan
Dépôt légal : janvier 1997 - N° d'imprimeur : 2822